# SONNENMOND
## EIN BIPOLARER ERZÄHLT

VON PATRICK GAILUS
FÜR ALLE SONNENMONDE

FSC
www.fsc.org
MIX
Papier aus ver-
antwortungsvollen
Quellen
Paper from
responsible sources
FSC® C105338

Bibliografische Information der Deutschen Nationalbibliothek
Die Deutsche Nationalbibliothek verzeichnet diese Publikation
in der Deutschen Nationalbibliografie;
detaillierte bibliografische Daten sind im Internet über
http://dnb.d-nb.de abrufbar.


© 2011 Patrick Gailus
Herstellung und Verlag: Books on Demand GmbH, Norderstedt
Layout und Satz: Patrick Gailus
Bilderquelle: Fotolia.de

ISBN 978-3-84480-652-6

# INHALTSVERZEICHNIS

SEI EINE SONNE
die den ganzen Tag strahlt.
Lasse deine Strahlen den ganzen Tag
GUTES tun!
Jeder, der dir begegnet,
soll von deinen Strahlen erwärmt werden.
Jeder, der traurig ist,
soll von deinen Strahlen erhellt werden.
Kannst Du dir vorstellen,
wie viel Du zu tun hast um diese Aufgabe
zu erfüllen?
Daher beginne gleich!
Hast Du diese zu
deiner Lebensaufgabe gemacht,
dann bist Du der glücklichste
Mensch auf der Welt!

· Anne Hübner ·

# VORWORT

Ich bin ein Sonnenmond.

Einer von rund vier Millionen Menschen in Deutschland, die an einer bipolaren Störung leiden.

Viele von Ihnen fragen sich jetzt: Was ist das, eine bipolare Störung?

Der Begriff „bipolare Störung", auch bekannt unter „manisch-depressive Erkrankung", bezeichnet ein oft extremes, unkontrollierbares Schwanken des Antriebs und der Stimmung in Richtung Manie oder Depression.

Anders ausgedrückt:

Einmal fühlt sich der Betroffene wie die strahlende Sonne, euphorisch und so voller Energie, dass er kaum weiß wohin damit. Dann wieder kommen Phasen tiefster Nacht, in denen den Erkrankten schwarze Gedanken heimsuchen und ihn eine Traurigkeit zu Boden drückt, so dass der Mond als einziger Hoffnungsschimmer erscheint.

Ich bin einer von ihnen. Seit etwa fünf Jahren. Und ich stehe dazu, auch wenn es manchmal sehr schwer fällt.

Denn das Heimtückische an einer bipolaren Störung ist, dass sie Betroffenen und Angehörigen meist erst sehr spät auffällt, da jeder Mensch schließlich Stimmungsschwankungen ausgesetzt ist und das krankhafte Verhalten von dem Gesunden erst einmal unterschieden werden muss.

Ich möchte Sie als Leser nun mit auf eine Reise durch drei Jahre meiner Erkrankung nehmen, in denen ich vieles erlebt habe, in denen ich durch Höhen und Tiefen ging und mich schließlich selber fand.

Ich bemühe mich bei meiner Erzählung auf eine möglichst lückenlose Darstellung, auch wenn es Zeiten gab, an die ich mich wegen meiner Störung nicht erinnern kann oder will.

Obwohl ich weiß, dass es noch ein langer Weg sein wird, bis meine Erkrankung für mich einigermaßen Normalität ist, werde ich ständig an mir arbeiten und mich den Herausforderungen des Lebens stellen.

Kommen Sie nun ein stückweit mit auf dem Weg durch mein Leben und lassen Sie sich eine wahre Geschichte erzählen, wie sie viele Menschen so noch nie gehört haben.

Ich wünsche Ihnen unterhaltsame wie informative Stunden,

**Ihr Patrick Gailus**

# KAPITEL 1

Alles begann im Januar 2005.

Ich war zu der Zeit 19 Jahre alt und stand kurz vor dem Abitur.

Ich war ein guter Schüler, nicht überragend, aber ich kam verhältnismäßig gut im Unterricht mit und arbeitete hart für meine Leistungskurse Biologie und Pädagogik.

Mein Religionslehrer sagte mir einmal, diese Fächer wären nur etwas für Hausfrauen, aber ich störte mich nicht daran, auch wenn der weibliche Anteil der Schüler in diesen beiden Kursen tatsächlich sehr hoch war.

Dementsprechend hatte ich auch viele Freunde unter meinen Mitschülerinnen und verbrachte viel Zeit mit ihnen. Natürlich kam ich auch mit den Jungen aus meiner Stufe zurecht, aber ich verbrachte meine Pausen einfach lieber mit den Mädchen. Ich war schon speziell, was das anging, zwar kein Außenseiter, aber dennoch anders als die anderen.

Doch dazu später mehr.

Ich war recht beliebt und im Unterricht lief auch alles gut. Bis die Depressionen kamen.

Ich weiß noch genau, wie es anfing. Ich stand morgens auf und hatte schon Bauchschmerzen, bevor ich zur Schule ging, weil ich fürchtete, den ganzen Unterrichtsstoff bis zum Abitur einfach nicht zu packen.

Man muss dazu sagen, dass ich ein absoluter Perfektionist war und noch bin. Bei mir muss alles vollkommen korrekt ablaufen und wenn nur die kleinste Kleinigkeit schief geht, wirft mich das völlig aus der Bahn.

Ich ging also schon mit ungutem Gefühl zur Schule und nachmittags mit Bauchweh nach Hause, wo ich wiederum lernte wie ein Wahnsinniger.

Zu allem Überfluss fing ich in dieser Zeit auch noch an, meinen Führerschein zu machen, und wenn ich nicht in der Schule saß und über die verschiedenen Vorfahrtsregeln nachgrübelte, saß ich im Fahrschulauto und ging im Kopf die Proteinbiosynthese durch.

Dann kam auch noch die Organisation für mein freiwilliges soziales Jahr hinzu, dass ich in Bethel in einer Einrichtung für Epilepsiekranke verbringen wollte, und nebenbei räumte ich am Wochenende in einem Supermarkt Waren ein und half bei der Auslieferung von Lebensmitteln.

Ich wusste also irgendwann nicht mehr, wo mir der Kopf stand, obwohl ich immer versuchte, den Überblick zu wahren.

Mit meiner Stimmung ging es nach und nach rapide bergab und ich hatte, obwohl ich soviel tat, nicht das Gefühl, irgendetwas erreicht zu haben.

Doch das schlimmste waren die Verfolgungsängste, die mich irgendwann und immer stärker heimsuchten.

Ich kam in die Schule, und hatte das Gefühl, von allen angestarrt zu werden, was für ein Verlierer ich sei, weil ich mich wie ein Verlierer fühlte.

Anfangs war es nur in der Schule so, doch zunehmend fühlte ich mich auch auf der Straße und bald zu Hause so unter Beobachtung, dass ich mich die meiste Zeit in meinem Zimmer verkroch und nur unter Qualen meinem Alltag nachging.

Etwa zwei Monate ging das so und sowohl meine Familie als auch meine Freunde merkten, dass etwas nicht stimmte.

Mit meinen Freunden konnte ich nicht so recht über meine Probleme sprechen, da ich schon da starkes Misstrauen hegte. Also wandte ich mich an meine Mutter, mit der ich schon immer über alles reden konnte.

Ich muss dazu sagen, dass meine Eltern seit meinem siebten Lebensjahr getrennt leben und meine Mutter mich alleine großgezogen hat, weil mein Vater an einer schizophrenen Psychose leidet, einer Nervenstoffwechselerkrankung, die Halluzinationen und ein „verschobenes" Weltbild auslösen kann und oft mit Depressionen einhergeht.

Meine Mutter wusste also Bescheid, was Depressionen anging, und hatte Verständnis für meine Probleme.

Sie war es auch, die mir riet zu einem Neurologen und einem Psychotherapeuten zu gehen, obwohl ich das erst nicht wollte, weil ich meinte von niemandem Hilfe annehmen zu können.

Es kostet Überwindung in die Praxis des Nervenarztes zu gehen, doch nachdem ich ihm meine Beschwerden geschildert und er mir Antidepressiva verordnet hatte, war ich beruhigter.

Besser ging es da beim Psychotherapeuten, der seine Praxis im Wohnhaus hatte, wodurch gleich eine viel angenehmere Atmosphäre herrschte.

Ihm erzählte ich meine ganze Lebensgeschichte, so wie ich sie nie zuvor jemandem erzählt hatte, und nach zwei Sitzungen und guten Ratschlägen, die er mir mit auf den Weg gab, fühlte ich mich besser.

Doch irgendwie wollte meine Stimmung sich nicht aufhellen.

Und die Abiturprüfungen Mitte April rückten immer näher.

Ich nahm zwar jetzt meine Tabletten und hatte ein gutes Stück meiner Seelenlast abgeladen, trotzdem fühlte ich mich noch immer taxiert.

Es begann damit, dass ich ein paar Tage in der Schule fehlte, doch daraus wurden immer mehr und schließlich ging ich die ganze letzte Schulwoche, die mit der Abifete auf unserem Schulhof enden sollte, nicht hin und verkroch mich Zuhause.

Ich wollte nichts hören, niemanden sehen und über nichts und niemanden sprechen, doch als am Tag vor dem letzten Schultag das Telefon klingelte, wusste ich, dass es meine Rettung war.

Es war eine Freundin, die mich so lange am Telefonhörer bearbeitete, bis ich schließlich einwilligte zur Party am Abend zu kommen.

Es war geschafft.

Denn auf dieser Party stellte ich endlich fest, dass mich niemand beobachtete, auslachte oder gar ausgrenzte.

Meine Freunde waren und blieben meine Freunde und der Abend wurde einer der schönsten in meinem Leben.

Schließlich endete die ganze Feiergesellschaft, nachdem wir um fünf Uhr morgens hundemüde an einer Tankstelle gefrühstückt hatten, auf unserem Schulhof, wo die Abiturienten schon eine wildgewordene Meute von Fünft- bis Zwölftklässlern erwartete.

Ich hatte mein Tief überwunden und war nun bereit für die Prüfungen in der nächsten Woche.

Zwar war es immer noch komisch, sich unter Menschen zu bewegen, doch ich wusste nun, was ich zu tun hatte und konzentrierte mich ganz auf die drei schriftlichen Prüfungen in Biologie, Pädagogik und Englisch, die in der mittleren Aprilwoche stattfanden. Danach war dann etwas Pause bis Anfang Mai die mündliche Prüfung in Kunst anstand.

Und meine praktische Führerscheinprüfung.

Nun müsste man meinen, in einer Woche wäre beides kaum zu schaffen. Doch ich hatte mittlerweile wieder so viel Stärke und auch Selbstvertrauen angesammelt, dass ich beides mit Bravour bestand. Souverän analysierte ich mein Prüfungsbild und genauso selbstsicher lenkte ich meinen Fahrprüfer durch die Straßen von Soest.

Ich fühlte mich großartig, dass ich zwei wichtige Prüfungen in meinem Leben bestanden hatte und war voller Elan für neue Taten.

Meine Sonne ging auf.

Depression lässt die Unfähigkeit,
zu leben und zu sterben,
sichtbar werden

· Rüdiger Dahlke ·

# THEMA: DEPRESSION

Das Wort Depression stammt vom lateinischen „deprimere" und bedeutet „niederdrücken".

Depressionen werden häufig auch als depressive Episode oder Störung bezeichnet und gehören damit zu den affektiven Psychosen.

Die psychischen Symptome einer Depression sind Antriebsmangel, Stimmungseinengung, Unruhe, Schlafstörungen, Gefühle der Minderwertigkeit und Hoffnungslosigkeit, Müdigkeit, geringere Konzentration und Angstzustände.

Zu den körperlichen Symptomen gehören Appetitlosigkeit, Gewichtszu- oder abnahme und Schmerzen im Körper. Oft spielt Suizidalität eine Rolle.

Rund vier Millionen Menschen in Deutschland sind depressiv erkrankt, wobei es eine hohe Dunkelziffer gibt.

Im Durchschnitt leiden mehr Frauen als Männer an Depressionen, was für eine genetische Veranlagung von Frauen, aber auch für eine Scham unter den Männern spricht, mit ihrer Krankheit zum Arzt zu gehen.

Ein Anstieg ist vor allem in den Industrieländern zu sehen, was auf den zunehmenden Stress zurückzuführen ist.

Man unterscheidet bei der Depression den endogenen Typ, bei dem sich die Erkrankung aus dem Betroffenen selbst herausentwickelt, den neurotischen Typ, bei dem die Depression auf belastende Erfahrungen aus der Vergangenheit zurückzuführen ist, und den reaktiven Typ, bei dem die Krankheit durch aktuelle Ereignisse entstanden ist.

Es gibt Winter-, Alters- und nachgeburtliche Depressionen, die man der Schwere nach in leichte, mittlere und schwere Episoden einteilt.

Ursachen der Depression können biologische Faktoren, wie eine genetische Disposition, entwicklungsgeschichtliche Erlebnisse und aktuelle Ereignisse im Leben des Betroffenen sein.

Meist ist der Serotonin- oder Noradrenalinspiegel, also die Menge an

Neurotransmittern oder Botenstoffen an den Synapsen im Gehirn gestört. Aber auch zu wenig Sonnenlicht, Medikamente oder Verluste von Menschen oder vertrauter Umgebung können zu Depressionen führen.

Behandelt werden kann eine Depression durch Psychotherapie, oder medikamentös durch Antidepressiva, wie den Serotoninwiederaufnahmehemmern, kurz SSRI.

Auch eine stationäre Behandlung in einer psychiatrischen Klinik, Licht- oder Elektrotherapie, Selbsthilfegruppen, richtige Ernährung und sogar Schlafentzug können als Therapie in Frage kommen.

# KAPITEL II

Meine Mutter hatte seit etwa zwei Jahren einen neuen Freund, den ich schon lange kannte und mit dem ich mich gut verstand. Und da wir alle das Hin- und Herpendeln zwischen unseren beiden Wohnungen satt hatten und meine Mutter ihren Freund auch häufiger als nur am Wochenende sehen wollte, hatten wir beschlossen, zu ihm in das kleine Dorf zu ziehen.

Es liegt etwa sieben Kilometer von Soest entfernt und der Freund meiner Mutter besitzt dort einen Hof mit Scheune und einem großen Garten.

Ich sollte ein Zimmer unter dem Dach bekommen, das früher einmal ein Heuboden gewesen ist. Nun hieß es diesen alten Heuboden auszubauen und ich legte mich voll ins Zeug.

Fast jeden Tag arbeiteten der Freund meiner Mutter und ich an dem Ausbau des Zimmers und es machte richtig Spaß.

Nicht nur, dass ich handwerklich einiges lernen konnte, was Wände verputzen und Decke verkleiden anging. Auch wurde meine Beziehung zu dem Freund meiner Mutter immer intensiver und ich konnte mich langsam daran gewöhnen, nicht mehr der einzige Mann im Hause zu sein.

Die Wochen vergingen - ich hatte mittlerweile mein Abiturzeugnis und fuhr Waren mit dem Lieferwagen aus - und das Zimmer nahm Gestalt an.

Der Tag des Umzuges rückte immer näher, aber nicht nur zum Freund meiner Mutter, sondern auch nach Bielefeld, wo ich mein freiwilliges soziales Jahr, kurz FSJ, machen wollte.

Der Stress nahm zu und meine Stimmung wieder ab.

Es fing wieder genau so an wie beim letzten Mal mit Bauchschmerzen und negativen Gedanken, doch diesmal wollte ich es nicht wahrhaben.

Meine Tabletten hatte ich schon seit einiger Zeit auf eigene Verantwortung abgesetzt und so verdrängte ich die Depressionen und versuchte, so gut es ging den Umzug über die Bühne zu bringen.

Doch die Ängste wurden mehr: Wieder begann ich mich verfolgt zu fühlen, wieder zog ich mich zu Hause zurück, doch versuchte ich nach außen hin den Schein zu wahren, dass es mir gut ginge.

Ich wollte nicht wieder Tabletten schlucken und meine Zeit bei irgendwelchen Seelenklempnern verbringen, und so versuchte ich alleine mit meiner Situation fertig zu werden.

Und das war ein Fehler.

Schon als ich mit meinen beiden besten Freundinnen und ihrer Familie an die Ostsee fuhr, um von dem Stress abzuschalten, merkte ich, dass ich einfach nicht mehr klar kam.

Auch meine Freundinnen bemerkten dies und sprachen mich auf meine in ihren Augen unbegründete Traurigkeit an, doch in meiner Naivität – oder in meinem Stolz, ich weiß es nicht – redete ich mir und auch ihnen ein, dass es einfach nur am Stress lag, weshalb ich so neben der Spur war.

Ich kam also wieder zurück aus dem Urlaub, doch kein bisschen erholt, und schon stand Arbeit im Laden und mein Umzug nach Bielefeld an.

Unsere alte Wohnung war nun fast leer, doch ich hielt mich bis zuletzt darin auf, weil es praktischer und näher an meiner Arbeitsstelle war und, vor allem, weil ich dort meine Ruhe vor den Blicken der Menschen hatte.

Mit Ach und Krach überstand ich meine letzten Arbeitstage im Laden und schon hieß es: ab nach Bielefeld!

Ich hoffte instinktiv, dass es dort mit meiner Stimmung wieder besser werden würde, wenn ich neue Leute in einer neuen Stadt kennenlernen würde. Tatsächlich aber hatte ich riesige Angst, meine Mutter und meine vertraute Umgebung zu verlassen und auf mich allein gestellt zu sein..

Ich kam also mit dem Zug und Sack und Pack in Bethel an und bezog dort in einem Wohnheim mein Zimmer.

Anfangs versuchte ich optimistisch zu sein, doch schnell kamen wieder die Verfolgungsideen und Wahnvorstellungen auf.

Am 1. September sollte mein freiwilliges soziales Jahr starten, doch ich war schon einige Tage früher dort, um mich in der Stadt umzuschauen.

Aber an Stelle, dass ich mir die Umgebung ansah und neue Freunde kennenlernte, schloss ich mich auf meinem Zimmer ein, weil ich Angst hatte, unter Menschen zu gehen.

Ich saß nur noch auf meinem Bett, starrte aus dem Fenster und grübelte darüber nach, wie ich aus dieser Situation am einfachsten und geschicktesten wieder herauskommen könnte.

Schließlich war ich so verzweifelt, dass ich nach reichlichem Überlegen den Entschluss fasste, wieder nach Hause zu fahren.

Mir war es in dem Augenblick vollkommen egal, was meine Mutter oder irgendwer dazu sagen würde, dass ich alle Zelte abbrach, ich wollte einfach nur weg von den Blicken und den Leuten, die mich alle zu kennen schienen, und zurück in meine vertraute Umgebung.

Ich fühlte mich wie auf der Flucht, als ich von Bielefeld zurück nach Soest fuhr und war froh, als ich endlich aus dem Zug kam und mit einem Taxi nach Hause fahren konnte.

Meine Mutter war natürlich total überrascht, mich so schnell wiederzusehen, doch als ich ihr erklärte, dass ich es nicht mehr ausgehalten hätte, zeigte sie Verständnis und gemeinsam regelten wir die Angelegenheit.

Wir beschlossen, das freiwillige soziale Jahr abzubrechen und abermals einen Neurologen, eine Ärztin, aufzusuchen, um diese um Rat zu fragen.

Meine Mutter begleitete mich in dieser Zeit überall hin, weil ich einfach nicht alleine zurecht kam, so zerfressen war ich vor Angst und Misstrauen gegenüber allen und jedem.

So saßen wir auch gemeinsam bei der Ärztin und ließen uns erklären, dass ich wahrscheinlich an einer schizophrenen Psychose, wie mein Vater, leide, und dass es angebracht wäre, in eine psychiatrische Klinik zu gehen.

Schnell war klar, dass für mich nur die offene Station, das Haus 28 in Eickelborn, in Frage kam, doch sollte ich noch Bedenkzeit bekommen.

Ich fuhr also mit meiner Mutter wieder nach Hause und überlegte dort mit ihr, wie es nun weitergehen sollte.

Ich hatte Angst davor, in eine Klinik für psychisch Kranke zu gehen, herrschte in meinem Kopf doch das Bild, dort würden nur „Verrückte" und „Schwerverbrecher" herumlaufen.

Andererseits wusste ich aber auch, dass es in dieser Situation, wo ich von Ängsten und Depressionen erfüllt war, keinen besseren Weg als die offene Station geben würde.

So entschloss ich mich also dafür, nach Eickelborn zu gehen und stand am 20. September mit meiner Mutter, meinem Koffer und viel Angst vor den Türen der Klinik.

Meine Sonne sank.

Einer Halluzination fehlt lediglich
der Beifall des Kollektivs,
sie ist nicht realer oder irrealer

· Rüdiger Dahlke ·

# THEMA: PSYCHOSE

Eine Psychose oder psychotische Störung steht im Gegensatz zur Neurose und gehört zur Gruppe der schweren psychischen Störungen, die mit Realitätsverlust, Veränderungen der Umwelt, im Denken, Fühlen und Handeln einhergehen. Es gibt insgesamt drei Arten:

Die organische Psychose ist eine Erkrankung des Zentralen Nervensystems in Folge von Demenz, Tumoren, Störungen des Gehirnstoffwechsels oder auch Drogen.
Symptome sind Wahn und Halluzinationen.

Schizophrene Psychosen haben psychodynamische Stressfaktoren, wie Verluste, als Auslöser. Dabei greift das Vulnerabilitäts-Stress-Modell und es besteht ein Problem im Filtern von Informationen. Auch hierbei treten Wahn, Halluzinationen und Ich-Störungen, wie Gedankenlenkung von außen, auf.

Etwa 1% der Menschen sind von dieser Art der Erkrankung betroffen, wobei der Verlauf so aussieht, dass meist nur eine einmalige Episode auftritt oder auch die Erkrankung phasenweise wiederkommen kann.

Die Behandlung erfolgt durch Neuroleptika, Psycho- und Ergotherapie, meist in speziellen stationären oder ambulanten Kliniken.

Die dritte Gruppe der Psychosen ist die der affektiven Psychosen, die Manie, Depression oder beides im Sinne der bipolaren Störung umfasst.

Hierbei kann es entweder zu Gefühls- und Antriebsarmut oder zu übersteigerter Energie und Übermut kommen.

Beides kann durch Neuroleptika, Antiepileptika oder durch sogenannte Stimmungsstabilisierer behandelt werden.

Hilfreich kann auch der Einsatz von Entspannungstechniken, wie autogenem Training oder progressiver Muskelentspannung, und das Anlegen eines Krisenplans sein, der die wichtigsten Anzeichen für ein Ausbrechen der Krankheit und Lösungswege umfasst.

# KAPITEL III

Das Haus 28 war ein altes Gebäude von Anfang des letzten Jahrhunderts mit hohen Fenstern, hohen Räumen und weitläufigen Fluren.

Von außen machte es einen ganz angenehmen Eindruck, aber das Innere machte mir mit den vielen Treppen und der „Kälte", die die Steinfliesen und die dunklen Möbel ausstrahlten, Angst. Ich wollte nicht die nächsten Monate an so einem Ort verbringen und wäre am liebsten wieder rückwärts herausgegangen, doch meine Mutter steuerte schon zielstrebig das Arztzimmer an und so folgte ich ihr.

Ein hochgewachsener Mann in den Fünfzigern begrüßte mich mit einem netten Lächeln und stellte sich als mein Psychologe vor. Meine Mutter und ich setzten sich und der Doktor begann damit, mir Fragen zu stellen.

Erst war ich misstrauisch und wollte nicht so recht mit der Sprache herausrücken, doch im Laufe des Gesprächs, das mein Arzt auf Kassette aufnahm, wurde ich lockerer und erzählte offen von meinen Ängsten.

Am Ende des Gesprächs musste ich versichern, dass ich keine Suizidgedanken habe, da ich sonst auf die geschlossene Station gemusst hätte. Zwar hatte ich schon einmal darüber nachgedacht, mich umzubringen, aber in diesem Moment wollte ich alles dafür tun, dass es mir besser ging, und nicht dem Problem ausweichen, indem ich mein Leben beendete.

So durfte ich dann mein Zimmer für die nächsten Monate beziehen, was mir erst gar nicht gefiel:

Lauter dunkle Möbel in einem ziemlich kleinen Raum und eine vier Meter hohe Decke. Ich hatte Angst, aber es war mein einziger Rückzugspunkt in dem ganzen Haus. Also gab ich mich damit zufrieden.

Dann sollte ich die Gruppe kennenlernen. Meine Mutter hatte ich mittlerweile tränenreich verabschiedet und so war ich nun ganz auf mich alleine gestellt. Ich gesellte mich also zu den anderen in der Gruppe und erzählte ein wenig von mir.

Doch irgendwie wollte der Funke nicht überspringen, wahrscheinlich weil jeder genug mit seiner eigenen Krankheit zu tun hatte, und so verbrachte ich den ersten Tag meist allein.

Gegen Abend wurde mir dann mein Zimmerkollege vorgestellt, der auch neu auf der Station war, und so mussten wir uns gemeinsam an all das Neue gewöhnen.

Zum Glück gab es einige nette Mitpatienten, die sich gut um uns kümmerten, uns alles zeigten und uns Rede und Antwort auf alle Fragen, die wir hatten, standen. So fielen mir persönlich die ersten Tage nicht ganz so schwer, obwohl ich ganz enormes Heimweh hatte.

Nach einigen Tagen bekam ich meinen Wochenplan mit den verschiedenen Therapien und ich versuchte so gut wie möglich dem Plan zu folgen.

Ich hatte zwar immer noch Probleme, mich in eine Gruppe zu integrieren aufgrund meiner Verfolgungsängste, dennoch ging ich so oft wie möglich in die Gruppenräume und unternahm etwas mit den Mitpatienten

*Was in der Zeit kurz vor Eickelborn passierte und was mich in den ersten Wochen dort beschäftigte ist nochmal näher nachzulesen am Ende des Buches unter „Mein Tagebuch"!*

Mein Tag strukturierte sich zu der Zeit so:

Erst gab es Frühstück, das gemeinsam vorbereitet und eingenommen wurde. Dann war Medikamentenausgabe.

Danach ging es zur Bewegungstherapie. Die war entweder in der Sporthalle von Eickelborn oder in einem anderen Gebäude auf dem Gelände. Wir machten teilweise Ballspiele, aber auch gymnastische und koordinatorische Übungen. Es machte jedenfalls recht viel Spaß.

Nach dem Sport war Zeit für die Beschäftigungstherapie. Diese fand im Nebengebäude statt und umfasste das gesamte kreative Angebot:

Man konnte dort Seidenmalerei machen, Specksteine bearbeiten, auf Leinwände malen. Einfach alles. Und wer dazu keine Lust hatte, der puzzelte eben oder spielte ein Spiel. Ich jedenfalls habe mich in meiner Zeit richtig dort ausgelassen und einige Werke hergestellt.

Im Anschluss daran gab es Mittagessen, es folgte eine Mittagsruhe und nachmittags waren Gesprächsgruppen und andere Aktivitäten, wie gemeinsames Kochen oder Backen.

So etwa verliefen meine Tage in Eickelborn und gut zwei Wochen lang hielt ich meinen Tagesablauf auch durch.

Doch dann wurden meine Medikamente umgestellt.

Ich bekam bis zu diesem Zeitpunkt Zyprexa®, ein leichtes Neuroleptikum, und wurde nun auf Haldol®, eines der klassischen Neuroleptika mit vielen Nebenwirkungen, umgestellt, weil man glaubte, dass das Zyprexa® zu schwach wäre und ich ein stärkeres Medikament benötigte.

So nahm ich also Haldol® zweimal täglich und nach wenigen Tagen waren schon die Nebenwirkungen zu spüren:

Ich lief herum wie ein ferngesteuerter Roboter mit groben, ruckartigen Bewegungen und glasigen Augen.

Ich litt sehr unter dem Medikament, vor allem, weil mir die feinmotorischen Sachen, wie zum Beispiel Haare waschen, nicht mehr gelingen wollten. Doch mir wurde von den Ärzten gesagt, dass ich einfach Geduld haben sollte, weil die positive Wirkung der typischen Neuroleptika erst nach den Nebenwirkungen eintritt. So musste ich mich damit zufrieden geben und meisterte irgendwie meinen Tag.

Doch je mehr ich unter der Wirkung des Haldols® litt, umso mehr zog ich mich auf mein Zimmer zurück.

Anfangs nahm ich nur am Sport nicht mehr teil, doch bald ließ ich auch die Beschäftigungstherapie und schließlich sogar die Gesprächskreise ausfallen. Ich zog mich vollkommen auf mein Zimmer zurück und kam nur noch zum Essen herunter.

Meine Ärzte begannen sich Sorgen zu machen, weil ich nicht mehr in die Gruppen ging, und baten mich zu einem Gespräch. Mittlerweile war ich so fertig von dem Medikament, und die Ängste hatten auch kaum abgenommen, dass ich fast nichts äußerte und meine Ärzte alleine sprachen.

Schnell war klar, dass ein anderes Medikament her musste, weil das Haldol® einfach nicht die gewünschte Wirkung zeigte.

Nur welches war das richtige?

Wichtig war, dass meine Panikattacken, die mich ab und zu und meist gegen Abend überfielen, eingedämmt wurden. Denn teilweise musste ich aus den Gesprächsgruppen regelrecht flüchten und lag dann zitternd und die Decke anstarrend in meinem Bett, weil ich so von Angst gepackt war.

Die Pfleger und auch die Mitpatienten kümmerten sich gut um mich in dieser Zeit, brachten mir Essen oder saßen einfach nur an meinem Bett und standen mir bei.

Das Problem aber musste bei der Wurzel gepackt werden und so entschieden sich meine Ärzte dafür, mir eines der neuen Neuroleptika, Solian®, zu verschreiben, weil dieses weniger Nebenwirkungen hätte.

Und tatsächlich ließen nach einigen Tagen das Zittern und die grobmotorischen Bewegungen nach und ich konnte mich wieder normal bewegen.

Auch die Ängste ließen nach und so nahm ich wieder an den Therapien teil und begab mich in die Gruppe, wenngleich es mir noch schwer fiel.

Ich war auf dem Wege der Besserung nach mittlerweile zwei einhalb Monaten, doch noch lange nicht bereit, wieder entlassen zu werden.

Dann unterbreiteten mir meine Ärzte, dass sie wieder etwas an meiner Medikation ändern wollten und ich hatte Angst. Denn wenn es wieder so einen Stress wie mit dem Haldol® geben würde, hatte ich darauf nun wirklich keine Lust, nachdem es mir nun besser ging.

Doch meine Ärztin versicherte mir, dass das Risperdal®, mein neues Medikament, ebenfalls ein neues Neuroleptikum mit wenigen Nebenwirkungen sei und dass ich mir keine Sorgen zu machen brauchte.

Also vertraute ich ihr und tatsächlich kam ich gut mit dem neuen Medikament klar. Es stabilisierte meine Stimmung, nahm mir meine Ängste und half mir gut über den Tag.

Zwar wurde mir gleich gesagt, dass ich das Risperdal® für längere Zeit nehmen müsste, doch wenn ich dafür wieder ein normales, Beschwerden freies Leben führen konnte, dann war mir alles recht.

Meine Sonne stieg wieder.

Wir sind immer ganz allein im Kreise
unserer eigenen Bilder –
doch wir unternehmen viele Anstrengungen,
dieser Wahrheit nicht zu begegnen

· Rüdiger Dahlke ·

Neuroleptika, auch Nerven-dämpfungsmittel genannt, gehören zu den Antipsychoti-ka, die eine antipsychotische, beruhigende und psychomoto-rische Wirkung haben.

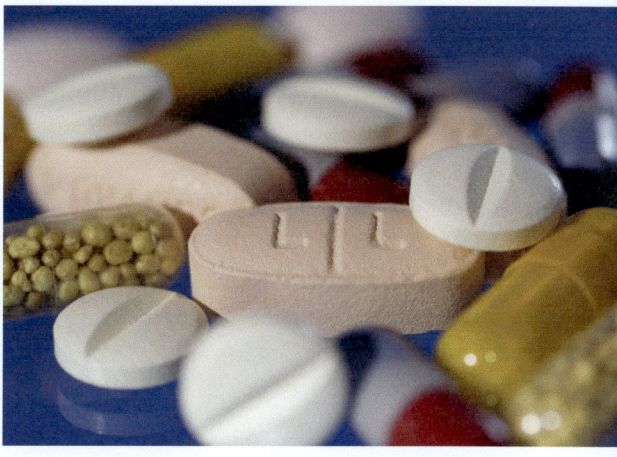

Sie kommen zum Einsatz bei Psychosen, aber auch bei einigen Narkosen. Hohe Dosen werden in der Akutphase einer Erkrankung verabreicht, während eine Dauermedikati-on eine niedrige Dosis besitzt. Neuroleptika können nur ein Zusatz zu der sozio- und psychotherapeuti-schen Behandlung sein.

Anfang der 1950er Jahre wurden erste trizyklische Neuroleptika einge-führt, es folgten Diabenzepine und Benzamide.

Bei diesen Medikamenten sagte die sogenannte neuroleptische Potenz etwas über die Wirkung aus, was sich mit der Einführung der atypischen Neuroleptika (Atypika) änderte, die im Gegensatz zu dem klassischen Typ weniger Nebenwirkungen besitzen.

Man unterscheidet drei Klassen von Neuroleptika:

Die niederpotenten, die mittelpotenten und die hochpotenten, die alle an den Synapsen im Gehirn wirken, wobei sie die Botenstoffe Dopamin, Serotonin und Noradrenalin hemmen.

Wichtig ist, dass Neuroleptika symptomatisch wirken, dass heißt, dass sie Symptome wie Halluzinationen oder Wahnvorstellungen zwar lindern, aber nicht ganz heilen können.

Hierbei wirken die typischen, „alten" Neuroleptika vor allem auf Posi-tivsymptomatik wie Wahn oder Halluzinationen. Dies sind z.B. Haldol®, Dogmatil® und Truxal®.

Hingegen atypische, „neue" Neuroleptika, wie Leponex®, Zyprexa® und Risperdal®, wirken sowohl auf positive wie negative Symptome, zum Beispiel Antriebsmangel und Rückzug. Außerdem treten bei ihnen nur geringe extra-pyramidale Störungen, wie Muskelkrämpfe und Zittern, auf und sie können bei der Behandlung der bipolaren Störung helfen, die Stimmung zu stabilisieren.

Wichtig ist, dass man sich als Betroffener wenig Stress aussetzt und regelmäßig seine Medikamente einnimmt.

Nebenwirkungen der Neuroleptika können vegetativer Art sein, also Störungen des Stoffwechsels und der Bewegung, oder psychischer Natur, wie Depressionen, Antriebsmangel und Verwirrung.

Der Arzt wird die Dauer einer medikamentösen Therapie, die abhängig von Schwere, Dauer und Häufigkeit der Episoden ist, individuell mit dem Betroffenen abstimmen.

# KAPITEL IV

Es war Anfang Dezember, als im Haus 28 große Veränderungen anstanden. Nach einem Beschluss des Landschaftsverbandes Westfalen-Lippe sollte die Depressionsstation mit unserer Station zusammengelegt und umstrukturiert werden.

Aus dem Haus 28 sollte die Station AL03 hauptsächlich für Depressiverkrankte werden, und so fand ein Wechsel einiger Patienten und der Mitarbeiter zwischen den Häusern statt.

Mich nahm diese Maßnahme sehr mit, erinnerte es mich doch einerseits sehr an meine Umzüge vor ein paar Monaten. Andererseits kam viel Neues auf mich zu, sowohl an Mitpatienten, als auch an Mitarbeitern und Therapien, denn auch der Wochenplan hatte sich geändert.

Ich bin ein Gewohnheitstier und hatte mich endlich auf der Station eingelebt. Und nun das!

Es warf mich vollkommen aus der Bahn und ich zog mich wieder zunehmend auf mein Zimmer zurück. Doch diesmal kamen mir meine Mitpatienten zur Hilfe, die mich motivierten, in die Gruppe zu gehen und etwas mit ihnen zu unternehmen.

So saßen also wir „alten Hasen" aus dem Haus 28 meist in einer Ecke zusammen, und die „Neuen" vom Haus 24 in der anderen. Es dauerte einige Zeit, bis wir zusammenwuchsen, doch einige Spiele- und Fernsehabende taten ihr Übriges.

Kurz vor Weihnachten – ich hatte mein Zwischentief überwunden und war nun endgültig auf dem Wege der Besserung – empfing ich dann meinen ersten Besuch auf der Station.

Es waren zwei gute Bekannte, die ich noch aus den Zeiten kannte, wo ich im Tierheim Soest gearbeitet hatte, samt Hund.

Wir gingen auf dem Klinikgelände spazieren und es tat gut, sich einmal wieder mit seinen Freunden unterhalten zu können und nicht nur „Krisengespräche" führen zu müssen.

Später, als meine Bekannten gegangen waren, sagte mir mein neuer Arzt, dass ich wohl jetzt erst bereit gewesen wäre, Besuch zu empfangen.

Meine seelische Verfassung hatte sich also endlich verfestigt, meine Ängste waren deutlich zurückgegangen und ich fühlte mich von Tag zu Tag stärker und selbstbewusster.

Über Weihnachten war ich dann glücklicherweise zu Hause, doch der Abschied und die Rückkehr in die Klinik fielen mir, wie fast jedes Wochenende, sehr schwer.

Silvester und Neujahr verbrachte ich auf der Station, doch war es halb so schlimm. Ich war froh und glücklich, dass es mir endlich besser ging.

Der Tag meiner Entlassung rückte immer näher und damit der erste Tag in der neuen Tagesklinik in Soest, die im Dezember 2005 am Marienkrankenhaus eröffnet hatte.

Ich hatte bereits ein Gespräch mit der leitenden Stationsärztin geführt, die netterweise zu mir auf die Station gekommen war, weil es mir zu der Zeit noch schlechter ging und ich noch keine Ausflüge machen konnte.

Nun, Anfang Januar 2006, war ich so guter Verfassung und Stimmung, dass ich bereit war, in die Tagesklinik zu gehen.

Ich sah mit Trauer auf die letzten Tage auf der Station AL03, vormals Haus 28, weil ich mich so an die Menschen dort gewöhnt hatte.

Und tatsächlich standen meine neuen Freunde an meinem letzten Tag vor mir und überreichten mir Abschiedsgeschenke.

Mir war fast zum Weinen zu Mute, weil ich nie mit so einer Geste gerechnet hätte, nichtsdestotrotz war ich überglücklich, endlich etwas Neues anfangen zu können.

Meine 4 Monate in Eickelborn waren vorbei und nun ging es in der Tagesklinik Soest weiter, wo ich am 10. Januar mit großen Erwartungen stand, wer mich dort in Empfang nehmen würde.

Wolken schoben sich vor meine Sonne.

Stunden der Not vergiss,
doch was sie dich lehrten,
vergiss nie

· Salomon Geßner ·

# THEMA: PSYCHIATRIE

Eine Psychiatrie oder psychiatrische Klinik ist ein Krankenhaus zur Behandlung psychischer Störungen, auch als Nervenklinik bezeichnet.

Finanziert werden sie von den Bundesländern und umfassen oft eine forensische Station für Straftäter. Weiterhin gibt es psychosomatische Kliniken für körperliche und geistige Erkrankungen und Tageskliniken.

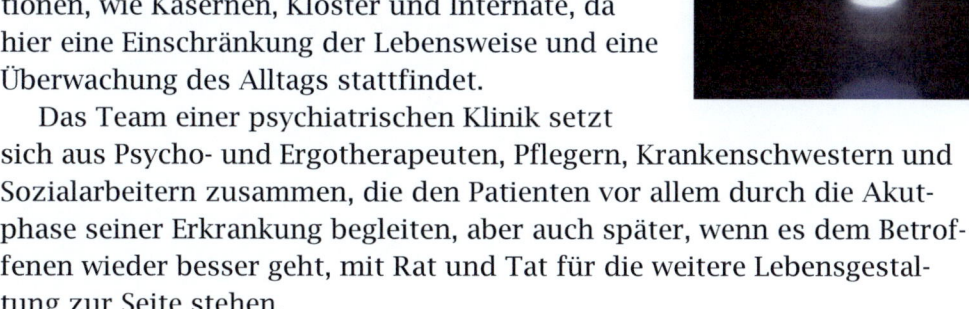

In einer psychiatrischen Klinik verbringt der Patient den Tag mit Therapien, wie Psycho- und Ergotherapie, gestaltet seine Freizeit, isst und schläft auch manchmal dort. Deshalb gehört eine solche Klinik auch zu den sogenannten totalen Institutionen, wie Kasernen, Klöster und Internate, da hier eine Einschränkung der Lebensweise und eine Überwachung des Alltags stattfindet.

Das Team einer psychiatrischen Klinik setzt sich aus Psycho- und Ergotherapeuten, Pflegern, Krankenschwestern und Sozialarbeitern zusammen, die den Patienten vor allem durch die Akutphase seiner Erkrankung begleiten, aber auch später, wenn es dem Betroffenen wieder besser geht, mit Rat und Tat für die weitere Lebensgestaltung zur Seite stehen.

Zur Geschichte der psychiatrischen Kliniken lässt sich sagen, dass Jahrhunderte lang „Narren" und „Tolle" in sogenannten Zucht-, Arbeits- und Tollhäusern untergebracht wurden.

Vor allem in den Jahren 1650-1800 wurden Bettler, Arbeitslose, Dirnen, geisteskranke und behinderte Menschen zusammen mit Straftätern in solche Unterkünfte gesteckt, da sie alle außerhalb der Norm standen.

Sogenannte Irrenschließer und Zuchtmeister überwachten die Insassen der Tollhäuser, wobei diese oft nackt angekettet waren und wenig zu Essen und zu Trinken bekamen.

Erst mit Gründung der Irrenhäuser im 19. Jahrhundert von Frankreich aus rückte der Aspekt der Pflege der bedürftigen Menschen in den Mittelpunkt und wurde der Begriff Psychiatrie ein eigenes Fach in der Medizin.

# KAPITEL V

Da ich seit gut vier Monaten nicht mehr in Soest war, musste ich feststellen, wie sich das Krankenhaus verändert hatte.

Ein ganz neuer Gebäudetrakt zur Innenstadt hin war entstanden, in dem sich die Tagesklinik befand, der aber immer noch von Bauzäunen umringt war. Dementsprechend begleitete uns bei den Therapien auch enormer Baulärm, doch mit der Zeit gewöhnte man sich daran.

Die Tagesklinik war angenehm hell eingerichtet und bot auf vier Etagen verschiedene Therapieräume an:

Unten war die Ergotherapie mit Werkbanken und allerlei Bastelzubehör, darüber die Anmeldung mit Aufenthaltsraum, dann kamen Arzt- und Gruppenräume und ganz oben waren Essens- und Ruheraum.

Ich fühlte mich gleich wohl in dem Gebäude und auch die Mitarbeiter und Patienten begrüßten mich freundlich.

Nachdem mir alles gezeigt worden war, kam ich in die Gruppe, die mich mit offenen Armen empfing.

Anfangs war ich etwas verhalten, doch das ging den anderen nicht anders und schon nach wenigen Tagen war das Eis gebrochen und wir hielten angeregte Gespräche in den Aufenthaltsräumen.

Hier in der Tagesklinik lernte ich auch zwei gute Freunde kennen, die mich noch eine ganze Weile nach meinem Aufenthalt dort begleiteten.

Der Tag  strukturierte sich ähnlich wie der in Eickelborn:

Um acht Uhr gab es ein kleines Frühstück.

Am Morgen waren dann die verschiedenen Gruppen, wie die Genussgruppe, in der die Sinne geschult wurden, oder Stressmanagment, wo man Strategien gegen den Alltagsstress entwickelte.

Es folgte das Mittagessen, eine Mittagsruhe und nachmittags waren Ergotherapie oder Laufgruppe. Letztere bot sich in Soest gut an, da wir einen Stadtwall besitzen, um den es sich gut joggen und walken lässt.

Der Tag begann um acht Uhr und endete um 16 Uhr.

Es war also fast ein normaler Arbeitstag, man ging morgens aus dem Haus und kam abends zum Schlafen wieder heim.

Die Zeit in der Tagesklinik tat mir sehr gut, nicht allein wegen der vielen guten Gespräche und Gruppen, die ich mit den Ärzten, meiner Bezugspflegerin oder den Mitpatienten hatte, sondern auch, weil ich mich wieder an einen normalen Tagesablauf und dem Umstand, wieder zu Hause zu wohnen, gewöhnen konnte.

Meine Ängste waren mittlerweile auf ein Minimum zurückgegangen, so dass ich mich problemlos in einem Café mit Menschen aufhalten konnte, ohne mich beobachtet zu fühlen. Und ich hatte ein neues Projekt, in das ich mich voll hineinhängen konnte.

Meine Mutter und ihr Freund hatten nämlich vor, aus der alten Schmiede auf unserem Gelände ein Café zu machen.

Ich war natürlich sofort dabei, weil ich ja schon mein Zimmer mitgeholfen hatte auszubauen. Und jetzt ein richtiges Café, das gefiel mir!

Ich hatte also einen recht geschäftigen Tag, tagsüber Therapien in der Tagesklinik und abends der Ausbau der Schmiede. Erst hatte ich etwas Angst, dass ich mich wieder übernehmen würde, doch zum Glück hielten sich Arbeit und Freizeit die Waage, so dass ich nicht wieder in Angstzustände verfiel und gut meinen Tag meisterte.

Kurz bevor ich entlassen wurde, fuhren meine beiden Freunde aus der Tagesklinik und ich zum Karneval nach Köln. Es war mein erster Ausflug seit einem halben Jahr und ich freute mich riesig darauf, obgleich ich etwas Angst hatte, so ganz ungeschützt in eine fremde Stadt zu fahren. Meinen Freunden ging es ähnlich, so war ich wenigstens nicht alleine.

Doch mein Grund zur Angst verflüchtigte sich, sobald wir in Köln waren, denn die Menschen dort waren so freundlich und gesellig, dass ich mich nicht verstecken brauchte und einfach nur Spaß haben konnte.

Wenige Tage später, es war der 10. März, wurde ich dann nach einem halben Jahr psychologischer und therapeutischer Begleitung aus der Tagesklinik entlassen und konnte tun und lassen, was ich wollte.

Meine Sonne strahlte wieder.

Sei Du selbst die Veränderung,
die Du dir wünscht für diese Welt

· Mahatma Gandhi ·

# THEMA: TAGESKLINIK

In einer Tagesklinik werden Patienten ambulant oder teilstationär für mehr oder weniger als 24 Stunden betreut.

Es gibt interdisziplinäre, operative und sozial- bzw. psychotherapeutische Tageskliniken, wobei die Patienten meist nach einer stationären Behandlung in eine Tagesklinik kommen und dort wieder auf das normale Leben vorbereitet werden.

Weiterhin gibt es ambulante Operationszentren, neurologische Tageskliniken und internistisch-diagnostische Einrichtungen.

In einer psychotherapeutischen Tagesklinik werden die Patienten von einem multifunktionalem Team, bestehend aus Psychologen, Krankenschwestern, Pflegern, Ergotherapeuten und Sozialarbeitern, betreut.

In verschiedenen Räumen finden die Therapien statt, wie Sport- und Gestaltungstherapie, Entspannungsgruppe oder Hirnleistungstraining.

Weiterhin stehen Ruhe- und Aufenthaltsräume zur Verfügung, und die Patienten nehmen ihre Mahlzeiten in der Klinik ein.

Die psychotherapeutischen Tageskliniken richten sich auf alle psychischen Störungen, wie Psychosen, Angsterkrankungen und Depressionen.

# KAPITEL VI

Ich fühlte mich „austherapiert", als ich die Tagesklinik mit einem lachenden und einem weinenden Auge verließ.

Ich hatte so viele Gespräche in letzter Zeit geführt, dass es mir wirklich reichte und ich ab jetzt Taten sprechen lassen wollte. Und das tat ich auch durch den Ausbau des Cafés.

Die Eröffnung der „Genießer Schmiede" war für Mitte April angesetzt und so gab es noch einiges zu tun, bevor meine Mutter zur stolzen Besitzern einer eigenen Kaffeestube werden konnte.

Morgens erledigte ich einige Hausarbeiten und gestaltete die Website für das Café und abends, wenn der Freund meiner Mutter von der Arbeit kam, arbeiteten wir weiter am Ausbau.

Es war zu der Zeit, in der ich mir einen lang gehegten Wunsch erfüllte: Ich kaufte mir einen Motorroller.

Endlich war ich nicht mehr auf meine Eltern oder den Bus angewiesen, sondern konnte, so wie ich wollte, in die Stadt fahren. Ich hatte mir ein Stück Freiheit zugesichert und war darauf bedacht, dies auch zu behalten.

Es ging mir großartig, weil ich endlich das Gefühl hatte, wirklich gebraucht zu werden, und deshalb steckte ich auch mein ganzes Herzblut in die Renovierung der „Genießer Schmiede".

Die letzten Tage vor der Eröffnung wurden nochmal ziemlich stressig und wir mussten einige Nachtschichten einlegen.

Doch dann war es endlich geschafft.

Der große Tag der „Genießer Schmiede" war gekommen und die Leute nahmen das neue Café gut an. Es freute mich, zu sehen, wie viele Gäste wir hatten, die sich am selbstgemachten Kuchen labten oder handgekochte Marmeladen und Würzsoßen kauften.

Zwar gehörte das Café meiner Mutter, aber ich fühlte mich durch den eigenhändigen Ausbau so damit verbunden, als wäre es mein eigenes.

Der Betrieb lief gut an, doch nun hieß es, für mich selbst ein neues Projekt zu finden. Ich hatte mir schon länger überlegt ein Praktikum zu machen, wusste aber noch nicht genau, wo ich es machen sollte.

Ich entschied mich für einen ortsansässigen Tierarzt, zu dem auch unsere Familie ihre Tiere brachte.

Nach einem kurzen Begrüßungsgespräch hatte ich bereits die Zusage für mein Praktikum und so für die nächsten drei Monate wieder zu tun.

Praktikum beim Tierarzt, dass heißt morgens mit zu den Bauernhöfen auszufahren und Großtiere, wie Kühe und Pferde, zu versorgen, und nachmittags in der Kleintierpraxis bei Untersuchungen und Operationen an Kleintieren mitzuhelfen.

Es machte wirklich Spaß und ich lernte viele neue Menschen und Tiere kennen, die ich alle sehr lieb gewann. Wir scherzten viel bei der Arbeit und, was am besten war, ich hatte Familienanschluss, weil die Praxis im Wohnhaus des Tierarztes war.

Das Praktikum fing im Mai an und endete im Juli und als ich an meinem letzten Tag, es regnete in Strömen, „meine" Leute verlassen musste, war mir zum Weinen zu Mute, wie dem Himmel wohl auch.

Doch es half nichts, es hieß nach vorne zu schauen und sich neuen Herausforderungen zu stellen.

Ich hatte mich bereits für ein Biologiestudium beworben und wartete nun auf eine Zusage. Aber bevor ich diese bekam, fuhr ich mit meiner besten Freundin in den Urlaub.

Wir hatten lange überlegt, wohin es dieses Jahr gehen sollte und uns dann für Paris entschieden, obwohl ich kein Wort Französisch sprach. Das jedoch war kein Problem, die Hitze in der „Stadt der Liebe" umso mehr.

Doch wir beide hatten unseren Spaß, besichtigten Sehenswürdigkeiten und genossen noch einmal die gemeinsame Zeit, bevor es für mich zum Ernst des Lebens übergehen sollte.

Als ich nach Hause zurück kam warteten schon Zusagen von Universitäten auf mich, darunter auch meine favorisierte Hochschule in Köln.

Ich war überglücklich, in meiner Wunschstadt studieren zu können und fing bereits an Pläne für meine Wohnung in Köln zu schmieden. Doch vorher musste noch eine andere, sehr persönliche Sache geklärt werden.

Und zwar outete ich mich.

Ich wusste schon lange, dass ich schwul war, weshalb ich auch mehr Mädchen als Freunde hatte, aber ich hatte es bis auf meinem Psychotherapeuten noch niemandem gesagt..

Doch nun musste ich einfach mit der Sprache herausrücken und offen zu meiner Sexualität stehen. Also öffnete ich meiner besten Freundin mein Herz und erzählte ihr alles.

Ich hatte erst riesige Angst davor und glaubte, die Welt würde sich nach meinem Geständnis nicht mehr weiterdrehen. Doch sie tat es und ich stellte fest, dass alles halb so schlimm war, wie ich befürchtet hatte.

Wenige Tage später sagte ich es dann auch meiner Mutter und sie nahm es ebenso gut und verständnisvoll auf wie meine Freundin.

Endlich hatte ich es jemandem gesagt, ich fühlte mich gelöst und befreit. Noch freier, als ich eh schon war.

Nun ging es darum, eine Wohnung in Köln zu bekommen, die ich von meinem Bafög, dass ich noch beantragen musste, auch bezahlen konnte.

Zum Glück fand ich bei einem Besuch des Kölner Studentenwerkes das passende und schaute es mir sofort an.

Es war ein 15 Quadratmeter großes Zimmer mit Küche und Bad, die ich mit einem anderen Mitbewohner teilen sollte.

Ich war Feuer und Flamme, endlich mein Zimmer zu beziehen.

Doch es kam alles anders als gedacht.

Es war Ende August, als ich starke Schlafstörungen bekam und teilweise einige Nächte gar nicht mehr schlief.

Gleichzeitig arbeitete ich tagsüber so hart an der Organisation für mein Studium, dass ich abends hundemüde hätte sein müssen.

Ich meinte, auf einmal so viel Energie zu haben, und glaubte, kaum noch Schlaf zu brauchen.

Ich fing viele Projekte an, wie das Schreiben eines Buches oder das Gestalten von Internetseiten, doch führte ich nichts richtig zu Ende.

Und wenn ich dann endlich einmal schlief, hatte ich merkwürdige Träume, die zwischen Realität und Fiktion schwebten und auf geheimnisvolle Weise prophetisch wirkten.

Dann kam der 8. September 2006, ein Tag, der alles verändern sollte.

Ich war wieder einmal mit Kopfschmerzen aufgestanden und hatte ein ungutes Gefühl in der Magengegend.

Meine Mutter machte sich extreme Sorgen um mich, doch ich wollte nicht auf sie hören und redete mir ein, alles sei normal.

Ich weiß noch, wie wir an diesem Tag draußen auf der Terrasse saßen und ich meine Mutter fragte, ob es möglich sei, das Funksignal von Telefonmasten zu hören. Sie schaute mich verwundert an, doch ich wusste, dass etwas Merkwürdiges mit mir im Gange war.

Es wurde Abend und wir gingen zu Bett, dachte ich zumindest.

Doch anstatt das ich schlief hatte ich wieder Wachträume und ging in meinem Zimmer unruhig auf und ab.

Irgendwann nach Mitternacht schaltete ich meinen Fernseher an und empfing, so unglaublich wie es sich anhört, ein geradezu biblisches Programm. Es erzählte mir, so glaubte ich zumindest in meinem Wahn, von besseren Zeiten, die kommen würden, und von meinen Freunden, die allesamt mit in diese göttliche Mission verwickelt waren.

Irgendwann, es kam mir wie eine Ewigkeit vor, endete der Film und ich war der felsenfesten Überzeugung, dass ich ein Prophet sei, der soeben eine Botschaft von Gott erhalten hatte.

Ich wusste nicht mehr ein noch aus, mein Puls raßte und es fühlte sich beinahe so an, als schlügen zwei Herzen in meiner Brust.

Ich fühlte mich zu höherem, zu dem höchsten berufen und dachte, ich könnte problemlos die Schwelle zwischen Leben und Tod überschreiten.

Doch ich brauchte einen Beweis.

Also riss ich die Tür vom ehemaligen Heuboden zur angrenzenden Deele auf, sprang hinunter, stieg barfuß die Treppe zum Dachboden hinauf, kletterte eine Leiter hoch, lief über den Dachboden und stand schließlich vor der Tür des Heubodens, die nach draußen führte.

Ich öffnete diese Tür und blickte fast fünf Meter in die Tiefe.

Ich war wie benebelt, wie berauscht und wusste nicht mehr, was ich tat.

Ich breitete die Arme aus ... und sprang.

Es wurde dunkel um mich, nur kurz nahm ich noch war, wie meine Mutter neben mir kniete und sagte: „Hilfe ist unterwegs!".

Dann wurde alles schwarz um mich.

Meine Sonne erlosch.

Es gibt keine großen Krankheiten oder Unfälle,
die plötzlich aus heiterem Himmel kommen,
sondern nur Menschen, die zu lange
krampfhaft an einen heiteren Himmel glauben

· Rüdiger Dahlke ·

# THEMA: SUIZID

Das Wort Suizid kommt vom lateinischen „suicidium" oder „sua manu caedere" und bedeutet „mit eigener Hand fällen".

Der Suizid ist auch bekannt als Selbstmord oder Freitod und bezeichnet die willentliche Beendigung des Lebens durch eine bestimmte Handlung oder das Unterlassen einer solchen, zum Beispiel das Absetzen von Medikamenten.

Etwa 90 % aller Suizide und Suizidversuche sind auf Depressionen, psychische Störungen oder Behinderungen zurückzuführen, die der Betroffene nicht aushält und deshalb seinen einzigen Ausweg im Selbstmord sieht.

Nur 10 % der Selbstmorde gehen zurück auf Verluste, Ängste oder Ruin.

Nicht zu den eigentlichen Suiziden gehört der erweiterte Selbstmord durch Dritte, Sterbehilfe oder der Amoklauf mit Selbsttötung.

Die Weltgesundheitsorganisation WHO schätzt die Zahl der Suizide auf rund eine Millionen, wobei die höchste Selbstmordrate in den Ländern des Baltikums, den skandinavischen Ländern und Russland ist.

In Deutschland bringen sich rund 11.000 – 12.000 Menschen jährlich um, wobei die Zahl der Suizidversuche zehnmal so hoch ist.

Etwa 1,5 % aller Todesfälle in Deutschland gehen somit auf Selbstmord zurück, wobei es auch hier eine hohe Dunkelziffer gibt.

Insgesamt töten sich mehr Frauen als Männer selber.

Etwa 50 % sterben durch Erhängen, 10 % durch den Sturz in die Tiefe, 8 % durch Medikamente und 5 % durch Erschießen.

Insgesamt hat die Suizidrate durch die verbesserte psychologische Betreuung abgenommen, nur bei den über 60 Jährigen stieg sie an.

Wichtig ist, Hinweise auf einen Selbstmord sofort zu beachten und darüber zu reden. Gegebenenfalls kann der Betroffene dann auf eine geschlossene Station eingewiesen werden.

# KAPITEL VII

Gedankenfetzen zogen durch meinen Kopf ...

Merkwürdige Orte – Schemenhafte Gestalten – Fantasiereisen, die ich unternahm. Alpträume wechselten sich mit Tagträumen ab, ich wusste nie genau, ob ich schlief oder wachte.

Alles war surreal, erschien mir weit weg und fremd, doch auch irgendwie nah und vertraut.

Ich habe viele Geschichten erlebt, oder besser gesagt erträumt, in diesen sieben Wochen. Sieben Wochen, die ich auf der Intensivstation des Stadtkrankenhaus Soest lag, so erzählte mir meine Mutter nachher.

Ich persönlich habe keine Erinnerung mehr an diese Zeit. Nur ein Foto mit meinen drei Physiotherapeuten und der Unterschrift „Drei Engel für Patrick" war mir in diesen krisenhaften Wochen geblieben.

Richtig zu mir gekommen bin ich erst wieder auf der geschlossenen Station in Benninghausen. Meine Mutter und die Ärzte hatten mich aus Sicherheitsgründen dort eingewiesen, da ich immer noch eine Gefährdung für mich darstellte und nicht wieder etwas Derartiges geschah.

Doch wie sollte es. Ich war an das Bett gefesselt.

Ich konnte nicht laufen, da meine beiden Oberschenkel und ein Knie gebrochen waren. Ich konnte nicht alleine sitzen, mich nicht alleine auf die Seite drehen und die erste Zeit nicht ohne Hilfe Essen und Sprechen.

Der einzige Lichtblick, den ich in dieser Zeit hatte, war ein netter und zudem gut aussehender junger Pfleger, der sich um mich kümmerte.

Ich musste in dieser Zeit gewaschen und gebettet werden, fast wie ein kleines Kind. Und je mehr ich zu mir kam, umso mehr widerstrebte es mir. Doch es ging vorerst nicht anders.

Es war Anfang November als ich eines morgens mit starker Atemnot und Herzschmerzen aufwachte. Die Ärzte auf der geschlossenen Station entschieden, dass ich zurück ins Krankenhaus gehen sollte, weil Verdacht auf Lungenembolie bestand.

Ich kam also wieder ins Soester Stadtkrankenhaus und fühlte mich dort sehr unwohl, weil ich mich ständig dazu getrieben fühlte, aufzustehen und Fortschritte zu machen. Doch das konnte ich nicht und fühlte mich dementsprechend enttäuscht, depressiv und vor allem hilflos.

Zwar bekam ich öfters Besuch und es wurde sich gut um mich gekümmert, aber ich fühlte mich schlecht, Verfolgungsängste und das Gefühl, ständig beobachtet zu werden, kamen wieder und trieben mich fast zur Verzweiflung und zu Tränen.

Ich war froh als es hieß, ich könne wieder zurück auf die geschlossene Station in Benninghausen, weil ich dort die Mitarbeiter kannte und mir erhoffte, endlich weiter zu kommen.

Doch als ich dorthin kam, schien sich alles verändert zu haben.

Oder hatte ich alles nur in anderer Erinnerung?

Auf jeden Fall kam es mir fremd und kalt, beängstigend und abweisend vor und ich fühlte mich auch dort nicht mehr wohl.

Doch ich gab nicht auf, kämpfte und übte weiter. Und es hatte Erfolg.

Erst saß ich nur auf der Bettkante, dann konnte ich mich alleine im Bett herumdrehen und schließlich gelang es mir aus dem Bett und in einen Stuhl zu kommen. Und ab da ging es steil bergauf.

Ich hatte fünfmal die Woche Physiotherapie und machte große Fortschritte. Bald konnte ich im Rollstuhl fahren und stand an der Bettkante.

Ich war froh, endlich wieder ein Stück Selbstständigkeit zu haben und Ende November erfuhr ich dann endlich, was wirklich mit mir los war.


Ich saß im Aufnahmezimmer der Station bei der Chefarztvisite und wollte gerade berichten, wie es mir in der Woche ergangen war, als der Chefarzt zu mir sagte, dass sie meine Diagnose der schizophrenen Psychose überdacht hätten.

Sie seien überzeugt davon, dass ich an einer bipolaren Störung leide und würden nun meine Medikamente dementsprechend umstellen.

So bekam ich Zeldox®, ein neues Neuroleptikum, weil ich in den sieben Wochen auf der Intensivstation eine seltene Allergie gegen Risperdal® entwickelt hatte, und Orfiril®, ein stimmungssteigerndes Medikament, das die Schwankungen zwischen Depression und Manie ausgleichen sollte.

Im ersten Moment war ich geschockt zu hören, dass ich die ganze Zeit mit einer falschen oder unspezifischen Diagnose gelebt hatte.

Aber je mehr ich darüber nachdachte und die vergangenen Monate Revue passieren ließ, umso einleuchtender erschien mir die Tatsache, dass ich eine bipolare Störung hatte.

Meist im Frühjahr und Sommer war ich in Hochstimmung, die manische Züge besaß, und zum Herbst und Winter hin fiel ich in ein tiefes Loch und bekam Depressionen. Die vergangenen zwei Jahre waren ein ständiges Auf und Ab gewesen und so akzeptierte ich die korrigierte Diagnose.

Meine Mutter druckte mir viel Informationsmaterial aus dem Internet zu meiner Erkrankung aus und so konnte ich mir in der Zeit, wo ich im Bett lag, einiges an Wissen aneignen.

Ich wollte ein Experte auf dem Gebiet der manisch-depressiven Erkrankung werden und ich wurde es, denn nichts ist in so einer Situation besser gegen die Krankheit als Wissen darüber.

Die Weihnachtszeit rückte näher und damit auch mein dritter Aufenthalt in einer Klinik. Da mein Knie, das gebrochen und verdrahtet worden war, sich entzündet hatte, musste das Metall wieder entfernt werden.

So verbrachte ich also Weihnachten und Silvester (leider auch mit einer Magen-Darm-Grippe) im Krankenhaus, wurde aber von Tag zu Tag fitter.

Ich stand schon im Übungsraum der Physiotherapie an der Sprossenwand und konnte bereits einige Schritte im Gehwagen laufen.

Bedauerlicherweise wurde ich durch eine erneute Operation am Knie in meinen Fortschritten zurückgeworfen. Doch ich wusste nun, dass es trotz Rückschritten immer voran gehen würde.

Und auch meine psychische Verfassung besserte sich zusehends.

Zwar hatte ich noch lange mit Verfolgungsängsten zu kämpfen, aber je mehr sich mein körperlicher Zustand besserte, umso zuversichtlicher und selbstbewusster wurde ich. Es gab zwar Rückschläge und es lief nicht alles ganz geradlinig ab, aber ich hatte ein Ziel vor Augen:

Endlich wieder Laufen zu können!

Mittlerweile war es Februar 2007 geworden und ich bin wieder im Krankenhaus gewesen, weil meine Metallplatte, die ich im Bein hatte, gebrochen war und nun durch einen Nagel ersetzt werden musste.

Es dauerte zwar wieder geschlagene sieben Wochen, bis mein Bein soweit verheilt war, dass ich es schmerzfrei bewegen und Physiotherapie weiter mitmachen konnte, aber es lohnte sich.

Ich schaffte es, beide Beine durch Übungen und Fahrradfahren soweit zu kräftigen, dass ich nun fast 30 Meter im Gehwagen laufen konnte.

Und am 20. März 2007 konnte ich dann endlich meine Rehabilitationsmaßnahme in Bad Wünnenberg antreten, obwohl ich nicht genau wusste, was mich dort erwarten würde.

Wieder schoben sich Wolken vor meine Sonne.

Nur diejenige Behinderung
nützt einem Menschen etwas,
die er auch erlebt

· Rüdiger Dahlke ·

# THEMA: BIPOLARE STÖRUNG

Eine bipolare Störung ist auch bekannt unter dem Begriff manisch-depressive Erkrankung und bezeichnet eine psychische Erkrankung, bei der der Betroffene unter unkontrollierbaren und extremen Auslenkungen des Antriebs und der Stimmung leidet, die weit außerhalb des Normalniveaus in Richtung Depression und Manie schwanken können.

Neben depressiven Phasen, in denen die Stimmung gedrückt und der Antrieb gemindert ist, und manischen Zeiten, in denen der Antrieb gesteigert und die Stimmung euphorisch ist, treten auch hypomanische und gemischte Episoden auf.

Dabei unterscheidet man die „klassische" Bipolar-I-Störung, bei der auf Depressionen schwer ausgeprägte Manien folgen, und die Bipolar-II-Störung, die durch Depressionen und weniger starke Hochphasen, sogenannte Hypomanien, gekennzeichnet ist.

Zwischen diesen akuten Krankheitsepisoden liegen oft lange Zeitintervalle, in denen sich der Betroffene gesund fühlt.

Symptome einer manischen Episode können ein gesteigertes Selbstwertgefühl, vermindertes Schlafbedürfnis, Rededrang, Gedankenrasen, Wahnvorstellungen und Aktivitätssteigerung sein.

Zeichen einer depressiven Episode sind oft eine depressive Stimmung, Angstgefühle, Lustlosigkeit, Gewichtsverlust oder -zunahme, Schlafstörungen, Unruhe, Minderwertigkeitsgefühle und Konzentrationsstörungen.

Eine Hypomanie ist eine leichte, mehrere Tage andauernde manische Erregung, die auch behandelt werden muss.

In Mischzuständen treten manische und depressive Symptome gleichzeitig auf (z.B. Rededrang und Angstgefühle).

Der Verlauf der bipolaren Störung kann sich bei häufigen Krankheitsepisoden „automatisieren", was bedeutet, dass Rückfälle auftreten.

Erste Anzeichen einer bipolaren Störung treten bereits im jungen Erwachsenenalter zwischen dem 20. und 30. Lebensjahr auf, Erkrankungen nach dem 40. Lebensjahr sind eher selten.

Es besteht bei dem Betroffenen oft ein hohes Suizidrisiko, das unbedingt beachtet und behandelt werden muss.

Zur Behandlung der manisch-depressiven Erkrankung lässt sich sagen, dass in den unterschiedlichen Phasen auch verschiedene Medikamente zum Einsatz kommen.

Bei akuten Manien sollten atypische Neuroleptika, wie Risperdal®, eingesetzt werden, da sie geringe Nebenwirkungen besitzen.

Bei depressiven Episoden kommen Antidepressiva, wie die Serotoninwiederaufnahmehemmer (SSRI) zum Einsatz.

Vorbeugung geschieht mit Stimmungsstabilisierern wie Lithium, Valproinsäure, Carbamazepine und auch Atypika.

Wichtig ist für den Betroffenen, dass er jeden unnötigen Stress meidet, genug schläft und möglichst auf Koffein, Alkohol und Drogen verzichtet.

Zur Behandlung der bipolaren Störung lässt sich sagen, dass sich nach der zwei- bis vierwöchigen Akuttherapie die Erhaltungstherapie (6-12 Monate) anschließt. Daraufhin ist eine meist medikamentöse Rückfallprophylaxe von entscheidender Bedeutung.

Sinnvoll ist der Einsatz von Psychotherapie und -edukation sowie das Führen eines Stimmungskalenders.

Die Wahrscheinlichkeit, in seinem Leben an einer bipolaren Störung zu erkranken, liegt bei etwa 1 %, vier Millionen Menschen in Deutschland sind bereits erkrankt, wobei die Zahl von Männern und Frauen etwa gleich ist.

Neben biologischen Faktoren, wie dem Mangel oder der Überproduktion an Neurotransmittern, können auch traumatische Erlebnisse, rapider Lebenswandel und erbliche Faktoren Auslöser für die Erkrankung sein.

Berühmte Personen, die eine bipolare Störung hatten, waren Händel, Munch, Hesse, Edison und van Gogh.

# KAPITEL VIII

Als ich am Dienstag, den 20. März vor den Toren der Aatalklinik in Bad Wünnenberg stand, war ich erst einmal geplättet von ihren Ausmaßen.

Das Haus war in vier große Gebäudeteil gegliedert, die allesamt etwas außerhalb des eigentlichen Ortes lagen, dafür aber nah des Grünen, um dort spazieren zu fahren. Der Bau bestand hauptsächlich aus Stein und Glas und wirkte zwar kühl auf mich, aber nicht steril.

Zuerst wurde ich durch einen Seiteneingang zur Aufnahme gebracht, wo meine Daten erfasst und meine Koffer in Empfang genommen wurden.

Dann wurde ich von einem Mitarbeiter in mein Zimmer im zweiten Stock gebracht, wohin ich nun im eigenen Rollstuhl fahren konnte, den ich kurz zuvor bekommen hatte.

Nachdem ich ausgepackt hatte, schaute ich mich in der Klinik um.

Vom ersten bis dritten Stock waren die Zimmer der Patienten, die alle komfortabel mit Bett, Bad und Fernseher ausgestattet waren.

Im ersten Stock waren die verschiedenen Therapieräume für Massage, Ergotherapie oder Krankengymnastik.

Im Erdgeschoss schließlich waren die Empfangshalle mit vielen Sesseln, die Cafeteria und der Speisesaal, in denen sich das Leben abspielte.

So ging der erste Tag zu Ende und der zweite kam, an dem ich eine meiner Therapeutinnen kennenlernte, mit der ich mich unterhielt und meinen Therapieplan erstellte.

Danach hatte ich zum ersten Mal Krankengymnastik in der Aatalklinik und dann war auch schon wieder Ende mit den Anwendungen.

So nahm die Zahl der einzelnen Behandlungen von Tag zu Tag und Woche zu Woche immer mehr zu und pendelte sich schließlich bei etwa sieben Anwendungen pro Tag ein.

Die Tage gestalteten sich in etwa so:

Morgens um halb acht war Frühstück im großen Speisesaal, danach begann die erste Hälfte der Anwendungen. Darunter waren Therapien wie Massage, Fahrradfahren, Moorpackung, Werkgruppe oder Physiotherapie.

Gegen zwölf Uhr war das Mittagessen angesagt und nach einer kurzen Pause ging es weiter mit der zweiten Hälfte des Behandlungsplans: Bürstenmassage, Entspannungstraining, Hockergymnastik, Schwimmen, Lymphdrainage oder Ergotherapie.

Nach einigen Wochen kamen dann auch Gespräche und Tests mit einer Neuropsychologin hinzu, die mir sehr gut taten.

Gegen 16 Uhr waren die Anwendungen meist zu Ende und man hatte bis zum Abendessen Freizeit, in der man das Klinikangebot in Anspruch nehmen konnte, dass aus Basteln, Lesungen und Vorträge bestand.

Die Abende waren oft sehr langweilig und man konnte meist nur Fernsehen schauen, weil sich alle Patienten nach dem Abendessen auf ihre Zimmer zurückzogen. Dennoch konnte ich mich mit einigen Leuten zusammentun und wir gründeten eine kleine Gruppe, die Karten spielte oder in den Ort fuhr.

Insgesamt war ich zehn Wochen in Bad Wünnenberg und konnte in dieser Zeit meinen Körper und vor allem meine Beine sehr kräftigen. Und auch meiner Seele tat der Aufenthalt gut, weil ich mich entspannen, neue Freunde kennenlernen und endlich mal wieder Malen konnte.

So verlebte ich die Zeit in Bad Wünnenberg voll Freude, kostete meine Reha voll aus und plante mit der Sozialarbeiterin zusätzlich meine berufliche Rehabilitation als Mediengestalter.

Am 27. Mai fand schließlich die Maßnahme nach zehn Wochen ihr Ende und ich konnte an Pfingsten endlich nach Hause, wo ich auf meine Ausbildung als Mediengestalter wartete, die Ende Oktober begann und in Bad Pyrmont stattfinden sollte.

Ich freute mich sehr darüber, endlich wieder Zuhause und fern von Krankenhäusern zu sein. Nach neun Monaten war ich endlich Zuhause angekommen und konnte, soweit es ging, meiner Mutter in ihrem Café helfen oder mich mit meinen alten Freunden treffen.

Mittlerweile habe ich meine Ausbildung abgeschlossen und arbeite als Mediengestalter von zu Hause aus. Ich habe eine kleine Wohnung in Soest bezogen und viele tolle, neue Menschen kennengelernt,

Ich sitze zwar immer noch im Rollstuhl, aber mein Körper ist in gutem Zustand und, was noch wichtiger ist, meiner Seele geht es wieder gut.

Ich habe meine manisch-depressive Erkrankung dank guter Medikamente im Griff, habe enormes Wissen über meine „Besonderheit" angesammelt und bin gewappnet dafür, falls einmal ein Rückfall kommt.

Ich heiße Patrick Gailus. Mir geht es gut.

Und ich bin ein Sonnenmond.

Jede Richtung und jede Norm im Leben
überlebt sich irgendwann einmal selbst und
schafft die Notwendigkeit einer Veränderung

· Rüdiger Dahlke ·

# Thema: Rehabilitation

Eine Rehabilitation (lat. rehabilitatio = Wiederherstellung) bezeichnet die Bestrebung, einen Menschen wieder in einen vormals existierenden körperlichen Zustand oder eine soziale Position hineinzuversetzen.

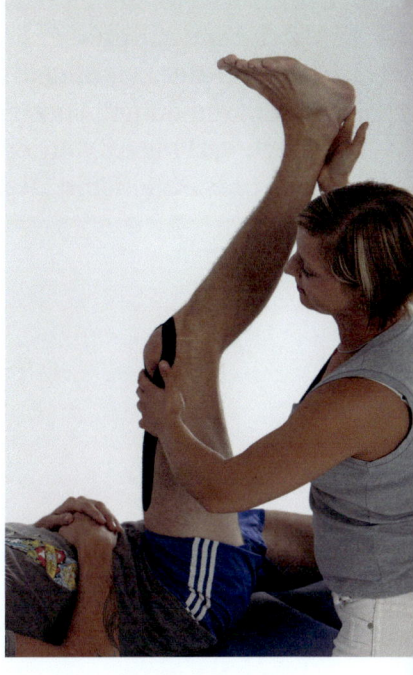

Der Begriff Rehabilitation wird in unterschiedlichen Zusammenhängen verwendet:

In der Medizin bezeichnet er den Einsatz von Maßnahmen, die darauf abzielen, die körperlichen, psychischen und sozialen Folgen einer Behinderung (engl. „Disability") auf ein Minimum zu beschränken.

Im Sozial- und Gesundheitswesen bedeutet es heute die Wiederherstellung in den Alltag oder das berufliche Leben.

Die medizinische Rehabilitation versucht, einen die Erwerbsfähigkeit bedrohenden oder durch einen Unfall entstandenen Gesundheitsschaden zu beseitigen oder zu mildern.

Die berufliche Rehabilitation folgt dem Grundprinzip „Rehabilitation vor Rente" und versucht, Betroffene z.B. durch Umschulungen wieder in den beruflichen Alltag zu integrieren.

Die soziale Rehabilitation umfasst alle Leistungen zur Teilhabe am Leben in der Gemeinschaft, wie z.B. Wohnungshilfe.

Gesetzliche Grundlagen für Rehabilitationen sind 9 Sozialgesetzbücher, insgesamt gibt es sieben Arten von Rehabilitationsträgern in Deutschland.

Beantragt ein Patient eine Rehabilitation, erhält er ein Formular, in dem er unter anderem die Klinik seiner Wahl eintragen kann.

In den meisten Fällen sind die gesetzliche Rentenversicherung (bei Erwerbstätigen und Arbeitssuchenden, wenn eine Einschränkung der Erwerbsfähigkeit abgewendet werden kann) oder die gesetzliche Krankenversicherung (bei Kindern, Eltern und Rentnern, wenn die Erwerbsfähigkeit nicht gefährdet ist) die zuständigen Leistungsträger.

Nach Prüfung des Antrages erhält der zu Behandelnde einen Bescheid des jeweiligen Kostenträgers. Bei Ablehnung hat er die Möglichkeit, innerhalb eines Monats zu widersprechen.

Art, Dauer, Umfang, Beginn und Durchführung der Rehabilitation bestimmt der Leistungsträger, wobei ambulante Maßnahmen Vorrang vor stationären haben. Letztere dauert in der Regel drei Wochen und kann danach verlängert werden.

Grundsätzlich gilt: „Rehabilitation geht vor Pflege."

# TAGEBUCH

**Zum Abschluss folgen Tagebucheinträge aus der Zeit kurz vor dem Aufenthalt in Eickelborn und in den ersten Wochen auf der Station dort:**

**Liebes Buch,**                                          **Sonntag, 11.09.05**

ich habe schon lange nichts mehr mit dir angefangen und dich einfach achtlos in einem Schrank stehen lassen. Aber nun brauche ich dich wieder, und zwar mehr denn je.

Du sollst mir in den kommenden Tagen und Wochen mein Therapietagebuch sein, so habe ich es selbst beschlossen. Denn immoment stecke ich in einer sehr schweren Zeit und habe den absoluten Tiefpunkt in meinem Leben erreicht.

Alles begann vor etwa fünf Wochen, als wir mitten im Stress des Umzuges nach Beusingsen standen. Ich bemerkte, dass ich während meiner vielen Erledigungen, wie dem Ausbau des Zimmers, der Vorbereitung für mein FSJ in Bielefeld und einfach der Anpassung an die neue Umgebung, zusehends trauriger, gestresster und konzentrationsloser wurde.

Ich schob es erst nur auf die neue Situation und dachte nicht, dass ich wieder in so eine schwere Depression, wie während meines Abistresses, rutschen würde. Doch dann kam Klostersee, wo ich einer befreundeten Familie mit meiner schlechten Laune wohl auch ihren Aufenthalt nicht gerade angenehm gemacht habe. Ich wusste einfach nicht, worüber ich mit ihnen reden sollte, wie ich mich richtig verhalten sollte -ich vergaß ein Stück weit, wer ich war.

Schon da stand ich morgens mit Bauchweh auf und schlimmer Erwartung, was ich wohl wieder falsch machen und mich damit schwächen würde. Ich konnte es kaum erwarten, wieder nach Hause zu kommen, wo wieder alles, so meinte ich, normal sein würde. Auch wenn ich mich schon da von den Leuten beobachtet fühlte und eine kleine Mauer in mir errichtet hatte zum Schutz gegen blöde Erinnerungen, Reaktionen der Leute auf mich und Ereignisse, die mich ängstigten.

Doch als ich wieder zu Hause war, war nichts wie früher, keine ausgelassene, freie Stimmung, so dass ich ganz ich sein konnte, soweit ich überhaupt war. Ich wurde noch konzentrationsloser, behandelte alle lieben Menschen in meiner Umgebung, gerade meine Mutter und ihren Freund, nicht besonders nett, hatte Angst vor den Menschen, die mich beobachten, Angst vor den dummen Sachen, die ich mache, wenn die Leute mich beobachten (Teufelskreis!).

Meine innere Mauer wuchs und wuchs, bis ich schließlich ganz verwirrt war, kaum einen klaren Gedanken fassen und ein klares Wort sprechen konnte, keine Motivation mehr zum Leben hatte – aber doch immer noch einen letzten starken Teil, der mich aufrecht erhielt, nämlich dass ich nach Bielefeld gehen musste.

Doch dort angekommen, wurde ich so von den ganzen Reizen, dem Neuen überflutet, dass ich gar nichts kapierte, mit keinem recht klar kam und einfach Angst hatte, da zu bleiben – allein! Meine Mauer gegen Außen, aber auch gegen mein Inneres, meinen Vorlieben, meinem Verhalten, war nun schon unüberwindlich groß.

Ich hielt es nur wenige Tage in Bielefeld aus, und flüchtete dann mit dem Zug zurück nach Soest, bevor ich mich ganz in meinen Depressionen und selbstmörderischen Gedanken verlor. Meine Mutter regelte alle Formalitäten für mich, weil ich einfach Angst vor allem und jedem hatte, da ich schon zu nahe mit den Gedanken am Tod war.

Meine letzte Spur von Stärke war nun auch dahin und ich begann mich immer mehr zurück zu entwickeln – ich zog mich zurück, hatte Angst vor Leuten, zu sprechen, vor mir, vor allem, war perspektivlos, allein und grübelte über mein ganzes Leben nach. War ich nicht schon immer „krank", nur jetzt, wo ich ins Leben starte, brach die „Krankheit" erst richtig aus?

Mir geht es jetzt noch ganz genauso, dass ich Angst, eine Mauer und keine Identität habe, trotz eines Besuchs bei einer Nervenärztin, dich mich als „schizophren" einstufte mit „sozialer Angst".

Ich will dich nun nutzen, liebes Buch, um meine Gefühle, meine Ängste und was ich so zu tun habe und hatte niederzuschreiben, damit ich mich ändern kann und auch sehe, wie ich mich ändere. Denn ich will nicht so weiter machen wie bisher, sondern endlich ein neues, „zweites" Leben anfangen, was sicher nicht leicht ist und nur langsam vonstatten geht.

Doch ich will es versuchen, mit allen letzten Kräften, dich ich habe, denn schlimmer werden als jetzt kann es eh nicht mehr und das einzige was ich habe – nämlich mein Leben – kann nur besser, da anders werden. Ich weiß noch nicht, wie ich es mache und wie genau es weitergehen soll – doch ich brauche professionelle Hilfe.

Und deshalb werde ich morgen, wenn ich wieder zu meiner Ärztin fahre, sie fragen, wie es mit einer stationären Behandlung aussieht oder ob eine ambulante Therapie besser ist, damit ich „im Leben bleibe".

Ich werde mich jedenfalls anstrengen, auch wenn ich nicht viel Kraft und Vertrauen habe, dass ich diese Mauer in mir niederreiße und wieder normal (was ist das schon!?) leben kann, doch anders als bisher.

Es ist schwer aber ich werde es schaffen.

Und alles andere kommt dann auch, hoffe ich.

Nun weißt du, wie es mir geht. Immoment fühle ich mich gut, da Abend ist. Wie es morgen sein wird, weiß ich nicht. Ich sehe jeden Tag als Neuanfang, lasse mich überraschen und mache das Beste daraus, bis morgen,

**PATRICK**

**Liebes Buch,**        **MORGENS**        **Montag, 12.09.2005**

ich stehe mal wieder mit schlimmen Bauchschmerzen auf. Es regnet und ich habe keine Lust rauszugehen und nass zu werden. Ich muss gleich wieder routinemäßig die Katzen füttern gehen und das Wetter eingeben (Anmerkung: Meine Mutter und ihr Freund besitzen eine Wetterstation) – das Einzige, was ich immoment machen kann.

Heute muss ich wieder zu meiner Nervenärztin. Und zwar allein – erstmal – weil meine Mutter einen Fahrschultermin hat. Ich habe jetzt schon Angst davor, an der Bushaltestelle zu stehen, Bus zu fahren, zum Arzt zu gehen und mich dort ins Wartezimmer zu setzen, da mich alle wieder beobachten werden und sich lustig machen über mich. Es ist zwar verrückt, ich weiß, aber ich fühle mich nun mal von allen angegriffen – höchstwahrscheinlich, weil ich zur Zeit kein Selbstvertrauen besitze.

Nur das nützt mir jetzt auch nichts. Ich habe einfach Angst. Auch weiß ich nicht genau, was ich meiner Neurologin sagen soll – ob stationäre oder ambulante Behandlung, andere Medikamente etc. Ich weiß jetzt schon, dass ich bei ihr im Zimmer wieder wie gelähmt sein werde.

Heute Nachmittag gehe ich dann Hagebutten pflücken, was ich sonst so mache, weiß ich nicht. Ich mache mir einfach viel zu viele Gedanken um die kleinsten Sachen und um wirklich Wichtiges gar keinen Kopf.

Ich hoffe das wird sich ändern und warte nun was meine Neurologin sagt. Ich melde mich heute Abend wieder, bis dann

**PATRICK**

**Liebes Buch,**        **ABENDS**        **Montag, 12.09.2005**

seit ein paar Stunden und auch gerade in diesem Moment fühle ich mich einfach nur glücklich und ruhig – ich weiß nicht wieso. Es ist so, als hätte ich ein Beruhigungsmittel bekommen gegen meine Krankheit, das aber nicht im Stande ist, mich zu heilen. Das kann ich nur selber – doch die Motivation fehlt mir gerade jetzt.

Meine Fahrt zum Arzt und der Arztbesuch selber waren wie erwartet eine Qual für mich – und nun steht es wohl so gut wie fest, dass ich in eine psychotherapeutische Klinik nach Eickelborn komme.

Das Ausmaß dieser ganzen Sache ist mir gar nicht bewusst – da ich wieder nur diesen Tunnelblick habe – aber ich will mir auch gar nicht viele Gedanken über Vorurteile und dergleichen machen, da mich solche Gedanken nur noch verrückter machen, wie ich aus Erfahrung weiß.

Ich werde mir die Klinik am Mittwoch ansehen und dann entscheiden, ob ich dort „behandelt" werden will oder nicht. Mir fehlt zwar die große Überzeugung, dass sie mir da wirklich helfen können, doch ich möchte einfach etwas machen gegen meine Krankheit, und ich weiß einfach sonst nichts. Also werde ich es probieren, es wird schwer werden, aber auch die einzige Möglichkeit sein, aus diesem Tief herauszukommen.

**PATRICK**

**Liebes Buch,**        **MORGENS**        **Dienstag, 13.09.2005**

habe mal wieder Bauchschmerzen nach dem Aufstehen, doch diesmal sind sie nicht ganz so schlimm, da ich (noch) nicht weiß, was ich heute machen soll und was mich so alles erwartet. Es ist eher ein ungutes Spannungsgefühl, dass sich in mir ausbreitet.

Ich fühle mich irgendwie total alt. Mein ganzer Körper ist müde von dem ganzen Holzspalten gestern – ich bin überhaupt nichts mehr gewöhnt, kein Wunder, wenn ich die ganze Zeit nur herumhänge.

Aber auch von den Gedanken her fühle ich mich uralt. Ich habe keine rechte Freude mehr, kaum Interesse und grübele oft über den Tod nach. Ich weiß nicht, wie ich es abstellen kann. Ich brauche Ablenkung, nur wie?

Ich hoffe wirklich, dass ich in der Klinik Kraft sammeln kann, um mit mir wieder ins Reine zu kommen und mich ins Gleichgewicht zu bringen.

Ich werde jetzt jedenfalls aufstehen, Katzen füttern und warten, was der Tag so mit sich bringt. Und irgendwie habe ich Angst davor, leider!

**Liebes Buch,**      ABENDS      Dienstag, 13.09.2005

ich fühle mich jetzt schon wieder wie benebelt und unter Drogen, Ich frage mich die ganze Zeit, ob ich nicht einfach dumm bin und nichts hinkriege und ob das mittlerweile alle Leute in meiner Umgebung auch wissen und sich deshalb laufend lustig machen – oder bin ich wirklich krank?

Es ist so furchtbar, in dieser Schwebe zu sein und nichts tun zu können. Ich könnte schon, nur weiß ich nicht was und bin zu faul, ohne Motivation. Langsam glaube ich, wirklich einfach nur dumm zu sein – und das mein ganzes Leben lang schon.

Zwar war ich nie so derart verwirrt und ohne Mut wie jetzt, doch hab ich mich immer schon in vielen Situationen „ungeschickt" angestellt.

Vielleicht ist dieses „Dumm-Ich" mein wahres selbst und ich konnte es bis jetzt nur vor den Leuten verstecken, indem ich „Rollen" gespielt habe und zugesehen habe, dass ich weg kam, wenn das „Dumm-Ich" durchkam.

Doch jetzt scheint es so zu sein, dass alle meine Masken restlos gefallen sind und alle Leute nun mein wahres Ich sehen und mich deshalb unterdrücken, weil sie über mir stehen können.

Ich weiß einfach nicht, wie ich dieses „Dumm-Ich" in ein „Schlau-Ich" verwandeln kann: okay, ich muss rausgehen, Leute kennenlernen, Dinge unternehmen und Erfahrungen sammeln. Doch da ist eben dieses „Dumm-Ich", dass mich davon abhält, wodurch ich mich noch mehr zurückziehe. Ein wahrer Teufelskreis, aus dem ich nicht alleine herauskomme, gerade in dieser Phase, wo ich so unglaublich empfindlich bin und auf diesem schmalen Grad zwischen „Genie und Wahnsinn" wandele.

Was ich heute gemacht habe war nicht viel: Hagebutten gepflückt und gesäubert, mich ausgeruht, weil ich durch das Medikament wahnsinnig und müde wurde, und dann habe ich das Hochbeet ausgehoben. Natürlich kam ich mir in allen Situationen wieder beobachtet, geprüft und dumm vor, weil ich es einfach nicht organisieren und logisch denken kann.

Ich hasse meinen inneren Perfektionisten,

**PATRICK**

**Liebes Buch,**         MORGENS       Mittwoch, 14.09.2005

ich fühle mich schrecklich und möchte am liebsten sterben. Ich habe Angst, mein Zimmer zu verlassen und meiner Mutter zu begegnen. Noch mehr Angst habe ich vor dem heutigen Tag und den vielen Sachen, die da kommen: Besuch in Eickelborn, Einkaufen, Holz holen.

Ich verdränge all diese Sachen – oder versuche es zumindest – damit ich nicht jetzt schon durchdrehe. Ich versuche sie locker auf mich zukommen zu lassen, aber es geht nicht, und wenn sie dann da sind, werde ich wieder wie gelähmt sein.

Ich weiß, dass es dumm ist, sich jetzt schon fertig zu machen, aber in mir herrscht nun mal dieser Zwiespalt zwischen „Hey, komm, du schaffst es schon!" und „Du bist ein Versager!". Leider wird erstgenannte Stimme immer leiser und letztere so laut, dass ich nicht gegen sie ankomme.

Wenn ich nur etwas mehr Motivation hätte, irgendein konkretes Ziel, dann wäre alles einfacher. Klar, ich habe das Ziel, wieder „normal", gesund zu werden. Aber wie genau, weiß ich nicht, weshalb mir auch der richtige Mut fehlt, weiter zu machen.

Ich bin gespannt, ob es mir in Eickelborn besser geht und sie mir da helfen können. Ich schaue es mir heute an,

**PATRICK**

**Liebes Buch,**         ABENDS       Mittwoch, 14.09.2005

immoment fühle ich mich wieder schrecklich schuldig, alles falsch gemacht zu haben. Freunde und ich kommen gerade aus dem Wald zurück, aus dem wir Brennholz geholt haben, und ich habe immer das dumme Gefühl, dass ich alles falsch mache.

Wenn ich frage, heißt es zwar immer „Ja, ja, ist richtig!", aber ich traue dem Braten nicht. Und ich weiß auch nicht wie ich es richtig machen soll. Mich haben alle eh schon als hoffnungslosen Fall abgestempelt.

Heute waren wir in Eickelborn im Haus 28, haben uns das Haus angesehen und mit einem Psychotherapeuten gesprochen. Ich habe Angst davor, dorthin zu gehen (denn ich wollte eigentlich nie in so eine Anstalt) und die Befürchtung, dass auch die dort mir nicht glauben und helfen können.

Doch ich weiß einfach nicht, was ich sonst noch machen soll, damit es mir besser geht – ich sehe das als meine letzte Chance an. Und leider sehe ich es auch als viel zu leicht an, denke ich. Tief in mir glaube ich, dass es nur ein paar Tage dauern wird und dann geht es mir wieder gut und bleibt so. Doch die (leise) Stimme der Vernunft sagt mir, dass es verdammt schwer und auch langwierig wird. Aber zur Zeit sehe ich alles ganz „easy", vielleicht zum Schutz, nicht ganz durchzudrehen.

Im Café sitzen und Einkaufen war wieder eine Qual für mich, als würde ich von allen erdrückt. Ich habe alles (zumindest zum Ende hin) nur wie in Trance wahrgenommen, mich wieder dumm angestellt und wieder in diesen Teufelskreis versetzt gesehen. Ich kann zwar schon stolz auf mich sein, heute so oft unter Leuten gewesen zu sein, doch es hat mich unglaublich angestrengt und Kraft gekostet.

Ich habe keine Ahnung, ob ich jemals wieder mein altes Ich und Leben wieder kriege. Ich glaube eher nicht, weil ich schon alles kaputt gemacht habe, leider irreparabel,

PATRICK

**Liebes Buch,**         **MORGENS**        **Donnerstag, 15.09.2005**
heute morgen fühle ich mich verdammt müde und wie gerädert. Das bisschen Arbeiten gestern hat mich schon tierisch angestrengt. Ich bin überhaupt nichts mehr gewöhnt.

Kein Wunder, wenn ich überhaupt nichts mehr mache.

Ansonsten geht es mir heute schon etwas, ein ganz kleines bisschen besser als die letzten Tage. Ich habe zwar wieder Angst und Schuldgefühle, aber ich bin zumindest etwas ruhiger und motivierter. Oder machen das nur die Medikamente?

Heute geht es in die Stadt zur Arbeitsagentur und zum Bürgerbüro. Mir graust es jetzt schon davor, aber was soll ich machen. Auch diese Sachen müssen erledigt werden. Ich würde mich zwar am liebsten die ganze Zeit in meinem Zimmer einsperren und nichts tun, aber das bringt auch nichts.

Ergo werde ich doch rausgehen, mich zwar wieder dumm anstellen und wie in Trance fühlen, aber ich bin wenigstens unter Menschen. Es bringt mir zwar für den Moment nichts, aber ich hoffe doch für die nahe Zukunft. Einfach mal abwarten. Bis heute Abend dann,

PATRICK

**Liebes Buch,**          **ABENDS**         **Donnerstag, 15.09.2005**

ich fühle mich vollkommen ernüchtert, leer, einsam und dumm. Ich kann mir nicht vorstellen, jemals wieder aus diesem Tief herauszukommen, wieder Lebensfreude zu empfinden. Es ist, als wäre alles fort und vorbei, ich bin über meine Zeit hinaus und warte nur noch auf den Tod.

Ich muss irgendetwas tun, aber ich weiß nicht, NIE was, und so tue ich auch nichts. Ich hasse mich, disziplinlos und ohne Motivation zu sein.

Ich hasse es , regelrecht von meinen Gefühlen abgeschnitten zu sein. Mich immer einheitlich dumpf und schlecht zu fühlen und Freude oder Besorgnis nur regelrecht vorzuspielen. Ich möchte gerne wieder etwas fühlen, egal was, Hauptsache nicht mehr diese Leere in mir spüren.

Heute waren wir in der Stadt, beim Bürgerbüro und bei der Bank. Es ist natürlich mal wieder total dumm gelaufen, weil ich es einfach nicht kapiere, wie es da draußen in der Welt abläuft, was man tun und lassen soll. Ich fühle mich weltfremd und die anderen Leute merken das, weshalb sie mich auch beobachten und geradezu prüfen.

Ich glaube, ich bin nicht krank.

Ich bin einfach nur ein armes, einsames, dummes „Würstchen", dass sich zeit seines Lebens in seinem Zimmer einschloss und nichts von der Welt mitbekam – deshalb auch nicht mit der Welt umgehen kann.

Alles was ich bis jetzt in meinem Leben gemacht habe, scheint mir jetzt fragwürdig – es ist, als hätte ich in einem Traum gelebt und jetzt bin ich aufgewacht und erlebe die Härte der Realität, eben das Leben. Gut, nicht alles stelle ich in Frage, aber den größten Teil schon. Wenn ich nur wüsste, wie ich früher mit meinem Leben zurechtgekommen bin, dann könnte ich es jetzt wieder so machen.

Aber das ist nun mal früher – es ist vorbei und ich muss jetzt und für die Zukunft leben. Doch ich weiß nicht mehr, wie man lebt – ich scheine es verlernt zu haben. Für mich besteht das Leben nur noch aus Essen, Schlafen und Arbeiten und ich weiß nicht, wie ich es aufwerten kann.

Eigentlich bin ich selber an allem schuld – nur ich! Wie kann ich es nur wieder gutmachen?

**PATRICK**

**Liebes Buch,**          MORGENS          **Freitag, 16.09.2005**

ich fühle mich heute wirklich motiviert irgendwas zu machen, doch tatsächlich was tun werde ich wieder nicht, da ich eh nichts kann und die Anderen wissen das auch und lassen mich deshalb gar nicht erst ran.

Aber ich will mich jetzt gar nicht fertig machen, weil ich mich immoment echt gut fühle (keine Ahnung wieso) und das nicht wieder kaputt machen will. Ich schätze mal, es kommt daher, weil ich noch nicht weiß, was heute so ansteht. Wenn ich es wüsste, hätte ich mehr Bauchschmerzen. In mir breitet sich nur ein bekanntes Spannungsgefühl aus.

Mal abwarten, was ich heute mache. Nicht viel wohl, denn es regnet wie aus Eimern. Ich verspüre gerade den starken Wunsch, einfach wieder gesund zu werden. Doch ob es geht, weiß ich nicht. Ich kann nur warten und mich anstrengen. Wobei letzteres schwer wird, denn so faul, wie ich bin, werde ich wieder nichts tun und nur warten bis andere etwas tun.

Ich muss endlich aktiv werden! Kann mir keiner helfen?

**PATRICK**


**Liebes Buch,**          ABENDS          **Freitag, 16.09.2005**

mir kommt es so vor, als säße ich in einer Achterbahn der Gefühle. Heute morgen hatte ich einen so abgrundtiefen Punkt, dass ich mich am liebsten erschossen hätte. Danach ging es mir wieder erstaunlich gut, weil ich was zu tun hatte (Holz holen, Putzen, mit Hund raus etc.). Und jetzt fühle ich mich einfach nur geschafft und ernüchtert vom Arbeiten.

Ich merke schon, dass es mir langsam wieder besser geht, trotzdem führe ich immer noch vollkommen bekloppte Gespräche und stelle mich noch dumm an. Wenn ich meiner Familie und allen Anderen nur ein besseres Bild von mir geben könnte, doch es gelingt mir nicht. Und solange sie noch das alte, „verrückte" Bild von mir im Kopf haben, wird es schwer für mich, sich zu ändern. Obwohl mich das nicht zu interessieren braucht.

Ich weiß nicht, was ich noch schreiben soll. Genau wie ich nicht weiß, worüber ich mich unterhalten, was ich tun und wie ich mich verhalten soll. Es kommt mir alles wie ein Alptraum vor, aus dem ich nicht erwache.

Jetzt gegen Abend stellt sich wieder diese bleierne Ernüchterung ein, deckt sich geradezu wie ein Vorhang über meine innere Zerrissenheit, so dass alles doch nicht so schlimm auf mich wirkt. Aber das ist bei Depressionen ja wohl so und noch kein Anzeichen dafür, dass es mir besser geht.

Ich wünschte nur, ich könnte meiner Familie sagen, wie leid es mir tut, dass ich mich in der letzten Zeit und auch noch so bescheuert benehme.

Ich mag sie wirklich sehr, vor allem für ihre Geduld, die sie mit mir haben. Nur immoment lasse ich aufgrund meiner inneren Mauer einfach niemanden richtig an mich heran, so dass ich kühl wirke, als wenn ich meine Familie nicht mögen würde.

Verdammt, ich mache mir schon wieder viel zu viele Gedanken darum, wie ich auf andere wirke. Das liegt nur daran, dass ich mich über andere definiere und so recht nichts eigenes, keine Identität habe. Gibt es nicht einen Crash-Kurs „Identität finden leicht gemacht"? Da wäre ich dabei,

**PATRICK**

**Liebes Buch,**       **MORGENS**       **Samstag, 17.09.2005**

ich fühle mich schon wieder elend. Ich werde bestimmt nie wieder okay oder so wie früher. Ich hab einfach die Gabe verloren, Mensch zu sein und erst recht andere Menschen kennenzulernen. Nur wie soll es mir dann besser gehen, wenn ich keine anderen Menschen an mich heran lasse? Es fällt mir ja schon schwer, mit meinen Eltern klar zu kommen – und dann auf fremde Menschen zuzugehen, das geht gar nicht.

In mir breitet sich wie so oft ein Spannungsgefühl aus, weil ich (noch) nicht weiß, was mir der Tag an schlimmen Sachen so bringt. Ich habe Angst davor, rauszugehen und etwas zu machen – sei es Holzspalten, etwas im Garten oder im Haus. Ich denke, ich lese jetzt erstmal etwas, ist eh das Einzige, was mich ein wenig von meinen Problemen ablenkt.

Koffer für Montag muss ich auch noch packen, aber ich schiebe das noch weit von mir weg, weil ich enorme Angst davor habe und es noch gar nicht wahrhaben will, dass ich nach Eickelborn gehe. Aber es wird mir helfen, hoffe ich. Nur was ist, wenn es mir nicht hilft und ich genau in dem Stadium bleibe, in dem ich jetzt bin und nie mehr dort herausfinde?

Ich weiß es nicht und werde es auch nie erfahren, wenn ich es nicht versuche. Und auf einen Versuch kommt es an, oder?

**PATRICK**

**Liebes Buch,**          **ABENDS**          **Samstag, 17.09.2005**

es gibt so viele Dinge, die zu beachten sind und vor denen ich mich einfach verstecke und so tue, als gäbe es sie nicht. Was ist mit meiner Krankenversicherung? Woher kriege ich jetzt Geld? Und wie bringe ich meinen Freunden bei, dass ich jetzt in Eickelborn bin?

Als ich aus Bielefeld Hals über Kopf geflüchtet bin, habe ich mir über nichts davon Gedanken gemacht und auch jetzt versuche ich das alles zu verdrängen. Doch es geht nicht. Ich muss in der Hinsicht etwas machen!

Aber da schiebe ich auch schon wieder meinen Aufenthalt in Eickelborn und meine Krankheit vor, die ich erstmal in den Griff kriegen muss.

Es ist so, als nähme ich meine Krankheit als Ausrede für das Leben.

Kann zwar sein, dass, wenn ich mir erste Gedanken zu oben genannten Dingen mache, ich auf dem Wege der Besserung bin. Aber irgendwie glaube ich da nicht so recht dran.

Ich hoffe wirklich inständig, dass ich in Eickelborn die Hilfe zur Selbsthilfe bekomme, die ich brauche. Und dass ich auch danach diese Hilfe weiter anwende, damit ich nicht wieder in so ein tiefes Loch falle.

Aber Schluss jetzt!

Ich mache mir schon wieder viel zu viele Gedanken über alles und jeden. Ich versuche in den Tag zu leben und (noch) nicht weiter zu denken.

Heute habe ich nicht viel gemacht: beim Wegaufschütten geholfen, die Bretter für das Hochbeet gestrichen und in meinem Zimmer ein Loch zugespachtelt. Ich kam mir bei allem wieder mal total unbeholfen vor.

Es ist, als könnte ich auf Neues überhaupt nicht mehr eingehen und fange an, Altes zu vergessen oder Unangenehmes zu verdrängen. Bei Sachen, die in der Vergangenheit liegen, ist es sogar so, als würden die guten Erinnerungen von den schlechten Dingen regelrecht mitgerissen hinter diese innere Barriere, so dass ich auch daran keine Freude mehr habe.

Ich möchte schon wieder nicht mein Zimmer verlassen aus Angst vor dem Neuen, den Reizen, die dort auf mich warten und auf die ich nicht angemessen reagieren kann.

Aber hier sitzen zu bleiben und nichts zu tun bringt auch nichts.

Und deshalb werde ich jetzt auch rausgehen und meine Mutter fragen, ob ich ihr beim Pizza machen helfen kann. Ist jedenfalls besser, als allein in meinem Zimmer meinen Gedanken nachzuhängen,

**PATRICK**

**Liebes Buch,**  **MORGENS**  **Sonntag, 18.09.2005**

heute konnte ich noch nicht einmal Katzen füttern und Regen messen gehen, weil ich so spät aufgestanden bin, so dass meine Mutter das alles erledigt hat. Ich konnte mich heute einfach nicht aufraffen, aufzustehen.

Ich weiß zwar, dass aufgeschoben nicht aufgehoben ist, aber ich hab mich echt gefragt, wofür ich überhaupt aufstehen soll.

Ich habe zwar ab und zu einen Funken Motivation in mir, der aufleuchtet und mir ein Signal gibt, irgendetwas zu tun, aber meistens unterdrücke oder verdränge ich ihn, weil ich denke, dass ich eh nichts hinkriege. Und so wird das Aufleuchten von Mal zu Mal schwächer, bis ich irgendwann gar keine Motivation mehr habe. Und lange kann das nicht mehr dauern.

Was ich heute mache, weiß ich (wie bekannt) nicht. Mama sagte, dass es nur Kleinigkeiten sind, wer weiß, was sie meint.

Ich habe das starke Gefühl, und es wäre ja kein Wunder, so wie ich mich benommen habe, dass sie mich nicht mag.

Aber egal, ich muss meine Gedanken jetzt eigentlich auf Eickelborn richten und darauf, dass ich wieder gesund werde. Doch noch versuche ich das Ganze zu verdrängen und mir zu sagen, dass es ja noch etwas hin ist bis dahin. Aber tatsächlich  ist es nur noch ein Tag, dann bin ich da. Und dann geht es wieder los dort mit dem Einleben, Leute kennenlernen, Alltag entwickeln und, und, und ... .

Und davor habe ich riesige Angst, da ich mich jetzt gerade wieder in einer sehr empfindlichen Phase befinde, in der die kleinste Veränderung mich wahnsinnig werden lässt. Und die Einweisung nach Eickelborn ist nun echt keine Kleinigkeit...

Ich weiß noch nicht, wie es wird, aber vom jetzigen Standpunkt aus würde ich sagen, es wird eine Katastrophe und nichts ändert sich.

Aber wollen wir mal abwarten,

**PATRICK**

**Liebes Buch,**          **ABENDS**          **Sonntag, 18.09.2005**

ich glaube, der einzige Grund, weshalb ich jetzt so verunsichert bin, viel Dummes tue und auch sage, ist der, dass ich keinen festen Punkt mehr in meinem Leben habe, an dem ich mich festhalten kann. Ich bin in der Hinsicht wirklich offen für alles und will auch gerne auf alles eingehen, was mir in Eickelborn angeboten wird. Hauptsache ich komme von dieser Unsicherheit, diesem in der Schwebe hänge weg.

Das ist auch so eine Sache: ich habe mein Leben lang irgendwelche Sachen angefangen, aber nie oder nur selten richtig zu Ende geführt. Genau deshalb kann und weiß ich jetzt auch nichts, weil ich nichts in meinem Leben richtig geübt und dauerhaft behalten habe. Bestes Beispiel dafür ist jetzt meine psychische Situation:

Ich habe gedacht, wenn es mir einmal wieder gut geht (nach der depressiven Phase während des Abiturs), dann geht es mir immer gut. Aber das ist nicht so. Ich muss immer wieder etwas dafür tun, immer wieder, da es nie abgeschlossen ist. Und so kann ich es auf mein ganzes Leben anwenden. Ich muss immer etwas tun, um immer etwas vom Leben zu haben. Das Leben ist nie abgeschlossen und man kann sich eigentlich nie daraus ziehen und davor Ruhe haben.

Gut, kann man schon, nur dann endet man wie ich. Aber ich versuche es zumindest jetzt so zu sehen, als wäre ich nur aus der Übung. Ich habe vergessen, leben zu üben. Doch das kann ich hoffentlich nachholen, wenn ich nicht sogar vergessen habe, wie man übt.

Der Tag heute war relativ ereignislos, eben ein typischer Sonntag im „neuen (?) Leben des Patrick G." (Ich weiß auch nicht, woher der plötzlich Zynismus kommt). Etwas Holz geholt, ein paar Sachen noch auf die Scheune gepackt. Ansonsten haben meine Mutter und ich nur draußen gesessen, gelesen und ausgeruht. Hat eigentlich gut getan, auch wenn ich immoment nichts habe, wovon ich mich ausruhen müsste.

Naja gut, eigentlich auch wieder schon, denn wenn mir kleine Verrichtungen und allein das Zusammensein und Reden mit Menschen schwer fällt, dann ist dieses Nichtstun schon eine Erholung. Allerdings bringt es mich auch keinen Schritt in meinem Leben weiter.

Denn wenn ich nicht übe, mit anderen zurecht zu kommen, schaffe ich es auch nicht, mit mir zurecht zu kommen,

**PATRICK**

**Liebes Buch,**          MORGENS          Montag, 19.09.2005

heute geht es ab nach Eickelborn und ich habe riesige Angst davor. Angst, wie ich mich verhalten soll, Angst, was ich sagen soll, Angst, was ich tun soll. Ich weiß nicht, was ich dagegen machen kann, und ich hoffe nur, dass mir die Leute dort helfen können, ob Patienten oder Personal.

Ich weiß jetzt schon, dass ich mich wieder wer weiß wie dumm anstellen werde, wenn es um die kleinsten Dinge geht, aber ich will mich nicht verrückt machen und an Eickelborn denken.

Ich schiebe meinen Aufenthalt dort immer noch weit von mir weg, aber heute ist es soweit und ich muss es akzeptieren.

Ich hoffe wirklich, dass es mir dort besser geht und dass ich auch kapiere, was die dort von mir wollen und alles auf die Reihe bekomme. Ich kann einfach nur Abwarten … und Bauchschmerzen davor haben,

**PATRICK**

**Liebes Buch,**          ABENDS          Dienstag, 20.09.2005

ich finde es furchtbar hier. Ich kriege es mal wieder nicht hin, mich in die Gruppe zu integrieren. Ich laufe hier nur herum wie Falschgeld und sitze wie zu Hause auch nur die ganze Zeit in meinem Zimmer, weil ich Angst habe, rauszugehen und etwas Falsches zu machen oder zu sagen.

Das Dümmste, was ich heute angestellt habe, war übrigens, dass ich die Kaffeekanne auf eine Blumenvase hab fallen lassen, so dass alles voll Wasser und Splitter war. Und ich war mal wieder zu paralysiert, dumm, faul, unbeholfen, was auch immer, um richtig zu reagieren. Das kennen wir ja schon. Aber zurück zum Anfang und wie es in Eickelborn begann:

Ich bin am Montag gegen 14 Uhr hier mit meiner Mutter angekommen, nachdem ich wieder eine qualvolle Busfahrt hinter mir hatte, auf der mich alle wieder beobachtet und sich lustig über mich gemacht haben.

Es fing hier auch gar nicht schlecht an mit der ersten Zielgruppe, in der ich war, und in der ich mich auch einigermaßen erklärt habe und auch teilweise verstanden fühlte.

Aber dann hat es bei mir wieder so angefangen, dass ich mich zurückgezogen habe, nichts mit den anderen Bewohnern unternommen habe und wenn ich was gemacht habe, war es sehr unbeholfen und dumm. Aber was habe ich auch anderes erwartet. Diese „Masche" habe ich mittlerweile seit fast zwei Monaten drauf und sie lässt sich nicht in zwei Tagen einfach überwinden. Immoment habe ich zwar das Gefühl, dass ich es nie mehr schaffe, mich unter Menschen zu begeben und „normal" zu leben, aber irgendwann, so hoffe ich es, wird es vielleicht doch etwas.

Ich muss nur zusehen, dass ich diese Bequemlichkeit, mich zurück zu ziehen, abschüttele und einfach aus mir und vor allem aus dem Zimmer herausgehe, und sei es nur für einen Spaziergang. Auch muss ich mich wieder mehr auf Menschen einlassen, selbst wenn es mir noch so schwer fällt. Es gibt nun mal andere Leute und ich muss mit ihnen leben, und ganz wichtig, nicht durch sie.

Wie mein Psychologe und auch meine Mutter sagten, kann es mir egal sein, was andere denken. Aber wenn mir das egal ist, was denke dann ich?

Ich glaube bald, dass ich nicht denken kann, dass es da in mir gar kein Ich gibt, das denkt. Vielleicht finde ich mein Ich, aber das wird dauern.

Und jetzt habe ich auch keine Lust mehr und zu starke Kopfschmerzen, als dass ich das Problem noch lösen kann.

Ich werde es, hoffentlich, noch lösen, melde mich,

**PATRICK**

**Liebes Buch,**                                                  **Mittwoch, 21.09.2005**
fühle mich heute Abend schon etwas besser, aber verdammt ausgelaugt von den vielen Sachen, die ich gemacht habe. Naja, was heißt viel, sehr viel war es nicht. Aber das, was ich gemacht habe, nämlich mit Menschen zusammen zu sein, hat mich doch sehr angestrengt und Kraft gekostet.

Heute morgen habe ich erst bei der Bewegungs-, und anschließend bei der Beschäftigungstherapie teilgenommen. Beides war ganz gut, obwohl ich mich doch wieder beobachtet gefühlt habe. Nachmittags war dann Psychologengruppe, wo wir etwas über Verhandlungsstrategien und Erwartungen in Partnerschaften erfahren haben. Wäre ich nicht so verdammt müde gewesen, hätte ich auch noch besser aufpassen können.

Naja, und abends war dann Grillen angesagt, wo ich dann auch ein wenig mitgeholfen und mich unterhalten habe.

Also insgesamt schon eine Steigerung zu gestern,

**PATRICK**

**Liebes Buch,** **Freitag, 23.09.2005**

immoment geht es mir echt super. Vielleicht einfach, weil ich es endlich geschafft habe, mich mal abends in ein Fernsehzimmer zu setzen und mitzugucken. Ist zwar eigentlich keine große Sache, aber für mich halt zurzeit schon. Ich muss meinen Zustand einfach akzeptieren, dass alles einfach nicht so leicht geht. Und ich glaube, so langsam bin ich auf dem richtigen Weg. Einfach nicht aufgeben, dafür lieber mit Krafttraining ablenken, und mich so akzeptieren, wie ich bin, auch wenn die anderen mich schon wieder als Trottel abgestempelt haben. Dann bin ich halt ein Trottel, aber Hauptsache zufrieden.

Das ich ein Dummkopf bin, hat sich gestern auch wieder gezeigt, weil ich von hier abgehauen bin, da ich meinte, dass es mir nichts bringt und es für mich zu Hause einfacher ist. Doch hier wie dort habe ich die gleichen Probleme, und da kann ich sie doch hier in Eickelborn besser in den Griff kriegen. Ich muss mich nur vollkommen darauf einlassen und den Leuten vertrauen und eine Chance geben, sagt Mama.

Ich bin zwar noch nicht ganz davon überzeugt, aber ich gebe mir Mühe.

Ich schaffe es hier schon irgendwie und renne nicht wieder davon. Das hat mich in meiner Entwicklung zurückgeworfen und alles noch schwieriger gemacht, als es war.

Naja, auf jeden Fall geht es mir jetzt gut und was ich das Wochenende über mache, weiß ich noch nicht, einfach faulenzen, mal im Supermarkt einkaufen gehen und mich dann dafür auch loben, das ist wichtig jetzt.

Einfach alles Gute und Gelungene loben, um nochmal richtig zu sehen, was man eigentlich alles getan hat. Auch wenn es nur wenig ist.

Aber jetzt Gute Nacht,

**PATRICK**

**Liebes Buch,** **Samstag, 24.09.2005**

ich fühle mich gerade echt gut, so wie nach einem langen Arbeitstag, an dem man fiel geschafft hat. Obwohl ich nicht viel tat. Aber das, was ich gemacht habe, war schon eine Steigerung zu den letzten Tagen:

Ich war einige Male unten gewesen, habe ein paar Kleinigkeiten eingekauft und war allein spazieren. Dafür muss ich mich doch schon mal loben. Beim Spazierengehen habe ich übrigens einen ganz tollen Aussichtsturm entdeckt, relativ einsam gelegen, mit toller Aussicht auf Wiesen und

Felder. Dort werde ich öfter hingehen, einfach um mal aus diesem Krankenhaus zu kommen und den Kopf frei zu kriegen.

Ist mir heute auch gut gelungen und ich bin zu der Erkenntnis gelangt, dass ich wahrscheinlich nie mehr richtig gut mit Menschen auskommen werde. Deshalb wäre es wirklich das Beste, ich ginge auf eine einsame Insel und beobachte Vögel (hab ich mal im TV gesehen). Fand ich eine schöne Lösung, damit würde ich zwar Menschen und damit meinen Problemen aus dem Weg gehen, aber ich glaube eh kaum noch daran, dass ich dieses „Menschen-Problem" je in den Griff kriege.

Jedenfalls nicht, wenn ich mich weiter auf dem Zimmer vergrabe. Aber ich will mich auch unter keinen Druck setzen. Es ist alles so kompliziert, ich muss nur Ruhe bewahren, Mut für Neues und vor allem Disziplin und Durchhaltevermögen haben, dann wird es auch wieder besser. Hat man ja heute schon gesehen. Aber jetzt bin ich müde, bis dann

**PATRICK**

**Liebes Buch,**                                    **Sonntag, 25.09.2005**
zurzeit geht es mir wieder richtig gut, auch wenn ich nicht weiß wieso. Aber eigentlich muss es dafür ja auch nicht unbedingt immer einen Grund geben. So eine Art Erlaubnis fürs Glücklichsein, wenn man besonders viel getan hat. Das ist alles Quatsch. Ich bin nun mal jetzt glücklich und denke noch nicht daran, wie es morgen wird.

Okay, ein tiefsitzendes Spannungsgefühl vor morgen breitet sich schon in mir aus, aber ich werde es schon schaffen und mir nicht jetzt schon den Kopf darüber zerbrechen. Bringt eh nichts. Nur in den jeweiligen Situationen morgen handeln, das bringt etwas, aber im vorhinein schon das Schlimmste befürchten, damit macht man sich nur unglücklich.

Diese Worte kann ich alle so leicht schreiben, aber halte ich mich auch daran? Das ist wieder etwas ganz anderes. Denn morgen werde ich wieder kaputt, ganz am Boden, lust- und motivationslos sein, nur weil ein neuer Tag mit vielen „bösen", neuen Reizen auf mich wartet.

Aber ich versuche einfach mal die Kraft und das glückliche Gefühl, dass ich gerade besitze, mit in den nächsten Tag  hinüber zu nehmen, und sei es nur ein kleines Stück. Auf einen neuen, schöneren Tag!

**PATRICK**

**Liebes Buch,**                                    **Montag, 26.09.2005**

mir geht's jetzt gerade nicht so besonders. Weiß auch nicht wieso. Ich hatte heute zwar ein gutes Gespräch mit einer Mitpatientin, was mich auch wieder etwas aufgebaut hat (obwohl sie mir nichts anderes erzählt hat als meine Mutter oder die Ärzte: nicht stressen und locker bleiben) und ich war heute auch viel unter Leuten und hab sogar Küchendienst mitgemacht, aber trotzdem geht es mir nicht besonders.

Ich denke einfach nur daran, dass jeder Tag irgendwie gleich ist und sich im Moment nichts ändert. Und ich weiß auch nicht, wie ich da was ändern soll. Gut, der Therapieplan ändert sich etwas, aber ansonsten ist alles gleich: Aufstehen, Essen, sich vor den Leuten Verkriechen, Schlafen gehen, Aufstehen... . Ich weiß einfach nicht, diesen Teufelskreis zu durchbrechen, höchstens indem ich mich nicht vor den Leuten verkrieche, aber ich halte es in deren Gegenwart einfach nicht aus.

Ich habe mich heute für eine Belastungserprobung am Wochenende eingetragen, dass heißt ich kann von morgens bis abends nach Hause. Dafür muss ich meine Eltern noch anrufen. Hoffentlich haben sie nichts vor.

Morgen wird ein für meine derzeitigen Verhältnisse anstrengender Tag mit Blutentnahme, Tisch decken, BWT und eventuell Wäsche waschen und Einkaufen. Aber ich will da jetzt noch gar nicht dran denken, sonst mache ich mich noch umsonst verrückt. Und ich will und darf mich ja nicht mehr so unter Druck setzen.

Also werde ich jetzt Schluss machen und ganz cool bleiben :-)

**PATRICK**


**Liebes Buch,**                                    **Dienstag, 27.09.2005**

heute Abend bin ich müde. Einfach nur absolut und total „groggy", sodass mir das Schreiben schon schwer fällt. Deshalb werde ich es heute auch kurz halten. Mir geht es einigermaßen, obwohl ich immer noch kein Licht am Ende des Tunnels sehe. Heute habe ich auch einiges gemacht:

Küchendienst, Joggen (morgens & abends!), Einkaufen und Wäsche waschen (wobei das weiße T-Shirt jetzt rosa ist).

Naja, jedenfalls hab ich einiges gemacht und darf jetzt auch ruhig müde sein und früh ins Bett gehen.

Mir fällt jetzt nix mehr ein, bis dann

**PATRICK**

**Liebes Buch,**                               **Mittwoch, 28.09.2005**

jetzt gerade fühle ich mich eigentlich richtig gut, auch weil ich gerade ein paar Minuten unten war und ferngesehen habe. Trotzdem hatte ich heute Nachmittag wieder so einen derben Tiefpunkt, dass ich am liebsten aufgegeben hätte. Aber das tue ich nicht, allein dafür, dass es noch so ausgeglichene Momente wie diese gibt. Ich bleibe am Ball und hoffe, dass ich morgen noch etwas von meiner jetzigen Stärke habe. Vor allem für das Backen wäre das wichtig. Ich hoffe, wir kriegen das hin.

Heute war ich beim EEG/EKG und habe danach mein Seidenmaltuch fast fertig bekommen. Tischdienst war auch ganz okay und ansonsten ging es mir halt nicht so gut heute, außer jetzt abends, aber das ist fast normal. Mal sehen, wie es morgen sein wird. Ich hoffe doch gut,

                                            **PATRICK**


**Liebes Buch,**                         **Donnerstag, 29.09.2005**

heute ist wieder so ein Abend wie all die anderen Abende zuvor auch: Ich verziehe mich auf mein Zimmer und gehe früh schlafen. Nur was soll ich auch sonst machen: fernsehen muss ich nicht, das habe ich mein Leben lang genug gemacht, und mit anderen Leuten unterhalten kann ich mich auch nicht so recht. Also kann ich auch ruhig früh ins Bett gehen.

Ansonsten war der Tag eigentlich ganz okay. Ich hab mit einem Mitpatienten zusammen eine Schoko-Torte gemacht, war dafür auch einkaufen und hab ansonsten noch bei der BWT mitgemacht.

Sonst war eigentlich nichts, bis auf dass ich mich beim Abendessen angeregt mit den anderen unterhalten habe.

Naja, jedenfalls ist der Tag jetzt auch wieder herum und ich bin schon angespannt, was morgen so kommt, u.a. Kaffee trinken. Ob den Leuten wohl unser Kuchen schmeckt?

                                            **PATRICK**


**Liebes Buch,**                               **Freitag, 30.09.2005**

jetzt gerade fühle ich mich unglaublich matschig in der Birne!

Hatte dafür aber ein sehr gutes Gespräch mit einem Mitpatienten, dass mir einfach gezeigt hat, dass ich mit meinen Verfolgungsideen und dem Wahn nicht alleine da stehe. Ist ja eigentlich auch kein Wunder, schließlich sind wir hier auf einer Psychotherapiestation.

Die Patienten hier haben alle irgendwie eine „Macke". Mir fällt es einfach nur schwer auf andere zuzugehen und mit ihnen über Probleme zu sprechen. Da muss schon jemand auf mich zukommen. Aber das war heute ja der Fall und das hat echt gut getan trotz meiner Verwirrung heute.

Der Kuchen ist im Übrigen auch sehr gut angekommen und morgen sehe ich meine Mutter wieder,

**PATRICK**

**Liebes Buch,**                        **Samstag & Sonntag, 01./02.10.2005**

Samstag hatte ich meine Tageserprobung und bin mit meiner Mutter in der Stadt gewesen. War zwar ziemlich anstrengend wegen all der vielen Leute, aber es war ganz okay. Wir haben in einem Café gesessen, sind etwas durch die Innenstadt von Soest gegangen und dann mit dem Bus nach Hause gefahren, wo ich auch noch etwas gearbeitet habe. Ich war natürlich ganz traurig, als ich wieder zurück musste, aber es ging.

Ja, und heute habe ich fast den ganzen Tag mit anderen Patienten verbracht, Spaziergänge gemacht und Spiele gespielt. Ich wünschte nur, ich könnte mich besser auf Gespräch konzentrieren und mehr dazu beitragen. Aber vielleicht kommt das ja noch und ich war heute einfach in keiner guten Verfassung. Mal abwarten, ich bin jetzt müde, bis morgen

**PATRICK**

**Liebes Buch,**                                     **Montag, 03.10.2005**

ich bin jetzt wieder todmüde und ich weiß nicht, woher es kommt. Ich schätze mal, dass die Medikamente einiges dazu beitragen. Heute morgen war ich erst so unmotiviert überhaupt aufzustehen und wollte mich einfach nur im Zimmer verkriechen. Doch dann haben Mitpatienten und ich einen Ausflug mit dem Rad gemacht, der wirklich sehr schön war.

Nur der Spaziergang mit einer Patientin später war nicht so schön, da ich total fertig durch das Zyprexa war und mich das Gerede von ihr mitgenommen hat, da ich selber schon ein riesiges Chaos im Kopf habe. Ich werde bezüglich des Medikamentes meine Ärztin am Mittwoch in der Visite fragen, ob wir die Dosierung nicht etwas herabsetzen können, denn langsam fühle ich mich etwas besser, und ohne die Nebenwirkungen des Medikamentes würde ich mich noch besser fühlen. Naja, mal sehen

**PATRICK**

**Liebes Buch,**                                    **Freitag, 07.10.2005**

in so einem Zustand, in dem ich mich gerade befunden habe, war ich auch noch nicht. Mir war schwindelig im Kopf und schlecht in Magen- und Bauchgegend. Dazu kam noch dieser enorme Druck in mir und dieses „stumme Geschrei" in meinem Kopf, das mich zwang, nur zu liegen.

Es war ein grauenvoller Zustand und ich dachte, ich müsste sterben, weil ich das Chaos im Kopf nicht abstellen konnte.

Es war immer da, nicht wie körperliche Schmerzen, die man irgendwie betäuben kann. Obwohl dies auch gelang, dank einer Schwester, die mir Tavor und Zyprexa gegeben hat.

Danach ging es mir erst überhaupt nicht besser: ich war immer noch am Zittern, mein Herz raßte und ich fühlte mich zum Zerreißen gespannt. Aber jetzt geht es mir allmählich besser und immoment fühle ich mich wie auf der Kippe zwischen „Genie und Wahnsinn". So als müsste ich nur einen Schritt tun und ich wäre wieder so normal wie früher. Was aber leider nicht so einfach ist!

Ich hoffe nur, ich komme nie wieder in so einen Zustand. Es muss eine massive Panikattacke gewesen sein, d.h. in Zukunft muss ich alles noch langsamer angehen als ohnehin schon.

Tut mir leid, dass ich länger nichts geschrieben habe, aber ich hatte irgendwie den Mut verloren. Doch jetzt geht es mir wieder etwas besser und deshalb schreibe ich auch wieder.

Heute gab es beim Kaffee den Käse-Rosinen-Kuchen, den ich gestern gebacken habe und der wohl allen gut geschmeckt hat. Ich hab leider nicht dabei sein können, weil ich ein Gespräch mit meiner Ärztin hatte, was mir etwas geholfen hat, wonach ich aber diese beschriebene Attacke hatte.

Naja, und jetzt kann ich einfach nur abwarten, was morgen aus meiner Belastungserprobung wird, ob ich überhaupt in der Lage bin, sie anzutreten. Aber das wird sich alles zeigen.

Nur die Ruhe, sonst passiert wieder etwas,

**PATRICK**


**Hiermit enden die Tagebucheinträge.**
**Der Aufenthalt in Eickelborn aber dauerte noch weitere drei Monate.**

# DANKSAGUNG

Viele Menschen sind mir in diesen drei Jahren meiner Erkrankung begegnet, haben mir geholfen oder mich einfach ein Stück weit auf meinem Weg begleitet. An dieser Stelle möchte ich mich ganz herzlich bedanken ...

... bei meiner *Mutter Monika*, die mir in all der Zeit zur Seite gestanden, mich unterstützt und bedingungslos geliebt hat.

... bei meinem *Vater Gerhard*, der da gewesen ist,
wenn ich ihn gebraucht habe.

... bei meiner *Familie*, die immer zu mir gehalten hat.

... bei meinen ehemaligen *Mitschülern*, die mir geholfen und mich wieder zum Lachen gebracht haben.

... bei meinen beiden *besten Freundinnen Eva und Claudia*,
die mit mir durch dick und dünn gegangen sind.

... bei meinen *Freunden Kevin und Ronny*,
mit denen ich Pferde stehlen und vieles unternehmen konnte.

... bei meinen *Bekannten*, die in guten wie in schlechten Zeiten für mich da waren und ein offenes Ohr für mich hatten.

... bei allen *Ärzten & Mitarbeitern*, die mich betreut haben.

... bei allen *Patienten*, mit denen ich in Eickelborn,
der Tagesklinik Soest oder anderen Häusern zusammen war.

... bei allen *Bettnachbarn*, die mich unterhalten haben und mir einige kurzweilige Stunden beschert haben.

... und bei allen Anderen, die mich kennen und
die ich jetzt nicht persönlich genannt habe.

Ich bin in Gedanken und mit meinem ganzen Herzen bei euch.
Vielen Dank für alles und alle guten Wünsche sagt euch

**Euer Patrick**

# GLOSSAR

Es gibt einige Internetseiten und Organisationen zu den Themen in diesem Buch, von denen auch ich Informationen bezog.

An dieser Stelle möchte ich Ihnen eine Auswahl davon präsentieren und hoffe, dass sie diesen einen Besuch abstatten.

**www.dgbs.de** –
Seite der deutschen Gesellschaft für Bipolare

**www.bsne.de** –
Seite des Bipolar Selbsthilfe Netzwerk e.V.

**www.change-of-moods.de** –
Umfangreiches Internetangebot einer Selbsthilfegruppe

**www.bipol-art.de** –
Website, auf der bipolare Menschen Werke kostenlos veröffentlichen

**www.bipolar.at** –
Österreichisches Kontaktforum für Menschen mit bipolarer Erkrankung

**www.vask.ch** –
Schweizerischer Verband psychisch Kranker

**www.psychiatrie.de** –
Vereinigung zur Reform der Versorgung psychisch Kranker e.V.

**www.irrsinnig-menschlich.de** –
Verein für Öffentlichkeitsarbeit in der Psychiatrie

**www.kompetenznetz-depression.de** –
Seite für Betroffene und Angehörige für den Dialog über Depression

**www.psychiatrie-aktuell.de** –
Zugangsportal zur Psychiatrie für Interessierte, Betroffene und Ärzte

**www.wikipedia.de** –
Internetlexikon aller relevanten Themen

Ich wünsche informative Stunden auf diesen und anderen Seiten!
Alle Angaben sind ohne Gewähr und Haftung.

Ich habe Gut und Böse gekannt,
Sünde und Tugend, Recht und Unrecht;
ich bin durch Geburt und Tod gegangen,
Freude und Leid, Himmel und Hölle;
und am Ende erkannte ich,
dass ich in allem bin,
und alles in mir ist.

· Hazrat Inayat Khan ·